MEJORA TU FÚTBOL:
LA TÁCTICA
Fichas teórico-prácticas
para jugadores de 13 a 15 años

Antonio Wanceulen Ferrer

El uso genérico del masculino en la redacción de esta obra, no tiene otra pretensión que la de hacer su lectura más fluida, bajo un criterio de total respeto a la igualdad entre las personas.

Título:
MEJORA TU FÚTBOL: LA TÁCTICA
Subtítulo
Fichas Teórico-Prácticas para Jugadores de 13 a 15 años.
Autor:
ANTONIO WANCEULEN FERRER.

Editorial: WANCEULEN EDITORIAL.
Sello Editorial: WANCEULEN EDITORIAL DEPORTIVA
Colección: WANCEULEN FÚTBOL FORMATIVO

© Copyright: WANCEULEN, S. L.
I.S.B.N. (Papel): 978-84-9993-396-2
I.S.B.N. (Ebook): 978-84-9993-397-9
Dep. Legal:

Web: www.wanceulen.com y wanceuleneditorial.com
Email: info@wanceuleneditorial.com
C/. Cristo del Desamparo y Abandono, 56 41006 SEVILLA

Primera Edición: Año 2016

Reservados todos los derechos. Queda prohibido reproducir, almacenar en sistemas de recuperación de la información y transmitir parte alguna de esta publicación, cualquiera que sea el medio empleado (electrónico, mecánico, fotocopia, impresión, grabación, etc), sin el permiso de los titulares de los derechos de propiedad intelectual. Cualquier forma de reproducción, distribución, comunicación pública o transformación de esta obra solo puede ser realizada con la autorización de sus titulares, salvo excepción prevista por la ley. Diríjase a CEDRO (Centro Español de Derechos Reprográficos, www.cedro.org) si necesita fotocopiar o escanear algún fragmento de esta obra.

ÍNDICE

INTRODUCCIÓN
Objetivos de la Colección de manuales "Mejora tu fútbol"............ 7
Forma de hacer uso de los contenidos de los manuales
de esta colección.. 9

I. LA TÁCTICA EN EL FÚTBOL... 11
   1. La organización del juego de equipo.................................... 11
   2. Tipos de táctica.. 13
      2.1. Táctica defensiva.. 13
      2.2. Táctica ofensiva.. 15
II. TRANSICIONES DE ATAQUE Y DEFENSA........................... 17
   1. Transiciones de ataque a defensa.. 17
   2. Transiciones de defensa a ataque.. 19
**III. LA IMPORTANCIA DE LA TÁCTICA EN LA FORMACIÓN
    DEL FUTBOLISTA**.. 21
   Acciones de táctica defensiva... 21
      1. Marcaje... 21
      2. Repliegue.. 23
      3. Basculaciones... 25
      4. Coberturas... 26
      5. Permutas.. 26
      6. Temporización.. 28
      7. Pressing.. 28
   Acciones de táctica ofensiva... 30
      1. Desmarques.. 30
      2. Desdoblamientos.. 34
      3. Cambios de ritmo... 35
      4. Cambios de orientación... 35
      5. Ataques.. 37
      6. Contraataques... 38
      7. Ayudas permanentes.. 40
**IV. SISTEMAS DE JUEGO BÁSICOS
    Y ALGUNAS DE SUS VARIANTES**... 43

1. La posición de los jugadores en un sistema básico de juego con 3 defensas: 1-3-4-3 43
2. Un ejemplo de variante del sistema básico 1-3-4-3: el sistema 1-3-1-3-3 44
3. La posición de los jugadores en un sistema básico de juego con 4 defensas: 1-4-4-2 46
4. Un ejemplo de variante del sistema básico 1-4-4-2: el sistema 1-4-1-3-2 47
5. La posición de los jugadores en un sistema básico de juego con 5 defensas: 1-5-3-2 48
6. Un ejemplo de variante en un sistema básico 1-5-3-2: el sistema 1-5-3-1-1 50

V. MODELOS TÁCTICOS 53
1. Modelos tácticos defensivos 53
2. Modelos tácticos ofensivos 55

VI. PRINCIPIOS APLICABLES AL DESARROLLO PRÁCTICO DE CUALQUIER ACCIÓN DEFENSIVA 59
1. Varios conceptos a tener en cuenta 59
2. Varios principios defensivos 62

CONCLUSIÓN 71
BIBLIOGRAFÍA 73

INTRODUCCIÓN

Objetivos de la Colección de manuales: "Mejora tu fútbol"

El presente trabajo forma parte de una colección de manuales que pretenden movilizar los conocimientos relacionados con el fútbol, de jóvenes futbolistas y que se redactan con el objetivo de que sea un medio útil para los jóvenes jugadores, de modo que les aporte una base teórica que favorezca su formación hacia altos niveles.

Se incluyen en los referidos manuales, contenidos que cubren todas las áreas presentes en la formación orientada hacia la élite del fútbol:
- Funciones básicas del futbolista en cada puesto
- Táctica del fútbol
- Jugadas a balón parado
- Técnica del fútbol
- Reglas de juego
- Condición física
- La salud del joven futbolista
- Actitud para llegar al alto rendimiento
- Etc.

El saber (teoría) facilita el hacer (práctica), pero no es la panacea.

En el caso de futbolistas en periodo de formación, consideramos de utilidad que dispongan de una base teórica organizada, que le servirá de gran ayuda para dominar los principios que su entrenador trata de aplicar en entrenamientos y partidos. El saber (teoría) facilita el hacer (práctica), pero no es la panacea, es solo una ayuda en el proceso formativo que orienta el entrenador, club, etc.

Estos manuales, son de contenidos básicos y están orientados, a las edades entre 13 y 15 años. En España a las categorías Infantiles y Cadetes.

Nos ha parecido una buena orientación aplicar estas fichas teóricas que pueden propiciar acciones un tanto interactivas y que pueden ayudar al joven en los aspectos cognitivos del juego, tan importantes en las etapas de Fútbol Formativo.

No es objeto del presente trabajo el profundizar en las distintas materias del fútbol, ni de que el joven futbolista le dedique un excesivo tiempo. Bastará con que la referida acción interactiva del joven futbolista con el manual, se promueva una mejora en los conocimientos de los conceptos del fútbol, lo cual beneficiará tanto los aspectos formativos como otras actividades relacionadas con este deporte. Con esto, será suficiente para que el presente trabajo logre sus objetivos.

Las obras de esta Colección incluyen contenidos teóricos para su estudio y comprensión, así como ejercicios prácticos para ser desarrollados por el joven futbolista.

En la edición en papel los ejercicios prácticos se resuelven en el mismo libro en las zonas indicadas para ellos para ello.

En la edición en ebook los ejercicios y actividades propuestas se desarrollaran externamente en cualquier cuaderno de notas, papeles en blanco o copias con plantillas impresas de los campos de juego.

Forma de hacer uso de los contenidos de los manuales de esta colección

Partimos de la base de que, a quien conoce la teoría de las distintas materias del fútbol, puede serle más fácil el practicarlo.

En el caso de futbolistas jóvenes, le facilitará el proceso de enseñanza/ aprendizaje que programe su entrenador.

El uso de este libro puede seguir el orden siguiente:

1º Leer los conceptos teóricos que se definen.

2º Revisar las jugadas de los gráficos que lleven propuestas de resolución de ejercicios.

3º El más importante, tu creatividad: utiliza las plantillas del gráfico de cada ejercicio, para hacer una propuesta distinta, personal, de cada jugada, que puede no coincidir con la propuesta del autor. Las puedes practicar en un papel en blanco.

4º La introducción del fútbol en la sociedad está tan generalizada, que una buena parte de los padres de jóvenes futbolistas, esos que conviven a diario en su esfuerzo deportivo, tienen unos conocimientos generales bastante amplios sobre este deporte y hemos pensado que dentro de la convivencia natural de ambos, el padre puede ayudarle a perfeccionar muchos conceptos teórico-prácticos.

Zonas y símbolos para representar las jugadas

A) División del terreno en zonas.[Fig. 1]

B) Símbolos utilizados para representar las jugadas [Fig. 2]
Símbolos y flechas para representar fácilmente a los jugadores y sus movimientos: conducciones, pases, tiro a puerta, trayectorias, etc.

Fig. 1

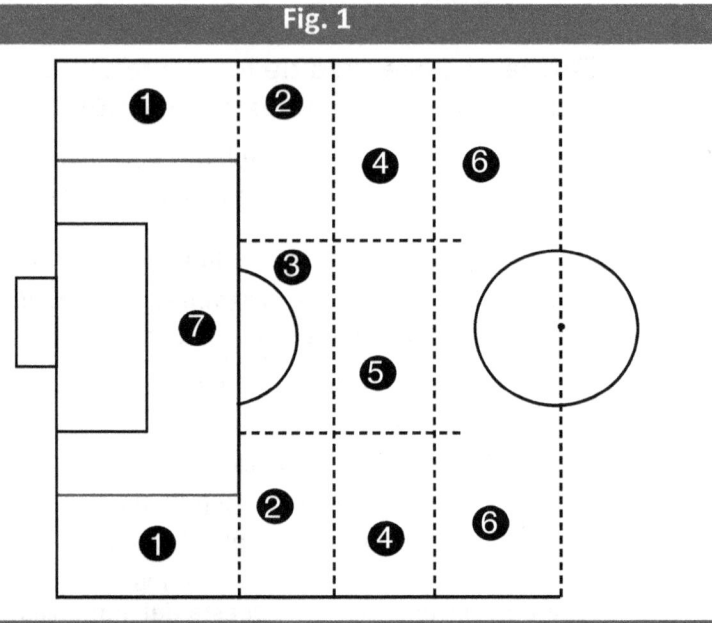

Fig. 2

- Símbolo que representa a un jugador del equipo A:

- Símbolo que representa a un jugador del equipo B:

- Desplazamiento del jugador sin balón:

- Control orientado:

- Desplazamiento del balón:

- Conducción del balón:

- Desplazamiento balón por alto:

- Balón:

I. LA TÁCTICA EN EL FÚTBOL

Táctica es cualquier acción de ataque o defensa que realizan los jugadores de un equipo, durante el partido, con la pelota en juego y de forma equilibrada y organizada, para contrarrestar y vencer al adversario.

1. La organización del juego de equipo

La organización del juego de equipo se basa en una adecuada ocupación del terreno de juego y previamente, en una acertada asignación de las funciones de cada jugador.

Ejercicio 1.

▶ Posiciona en el terreno de juego, los once jugadores de un equipo, con adecuada ocupación del terreno de juego, en un sistema 1-4-4-2, según tu opinión y en una jugada en la que el portero adversario hace saque de puerta.

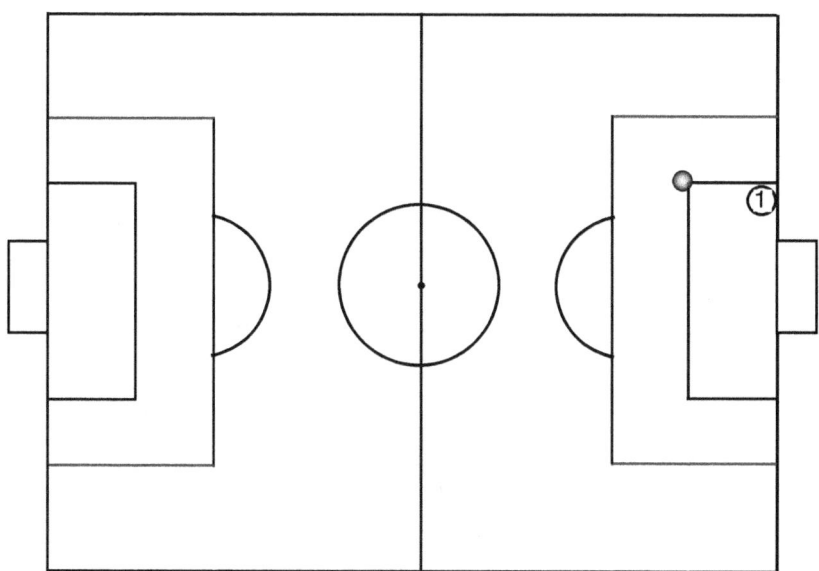

Propuesta para ejercicio 1

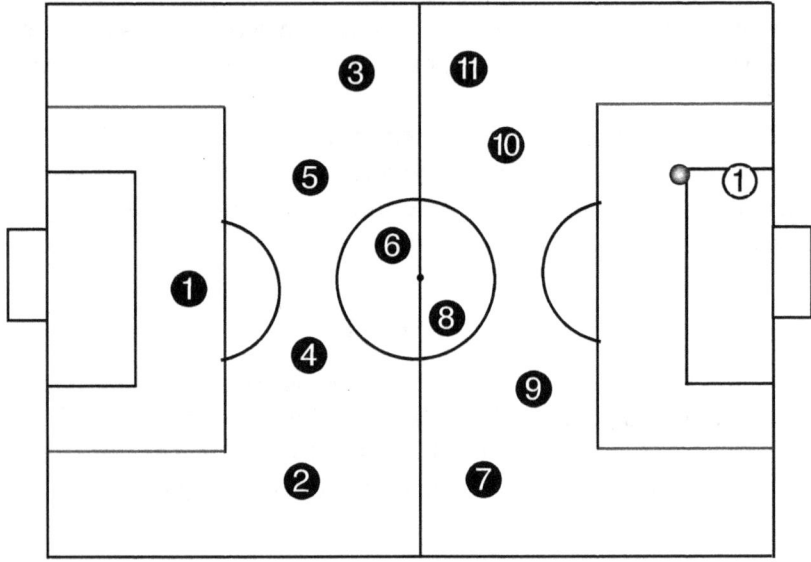

2. Tipos de táctica

Hay dos tipos de táctica: Defensiva y Ofensiva.

2.1. Táctica defensiva

Es el conjunto de acciones que realiza un equipo, cuando no está en posesión del balón, con el objetivo inmediato de posicionarse inteligentemente y con la adecuada organización, contrarrestar la acción ofensiva del equipo adversario y aplicando la necesaria presión, recuperar el balón.

Ejercicio 2.

El portero adversario va a realizar saque de meta y tiene a su equipo en las posiciones que se indican para favorecer su lanzamiento.

▶ Sitúa a los once jugadores de tu equipo para intentar recuperar el balón.

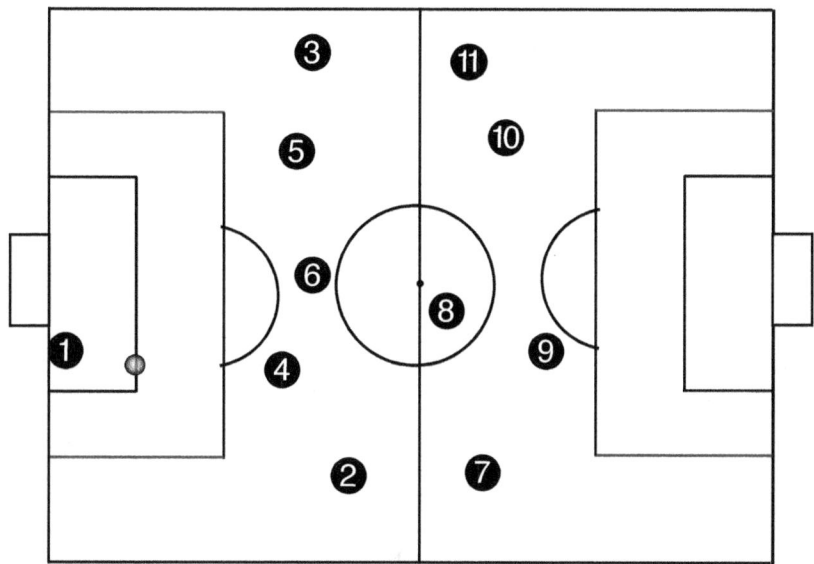

Propuesta para ejercicio 2

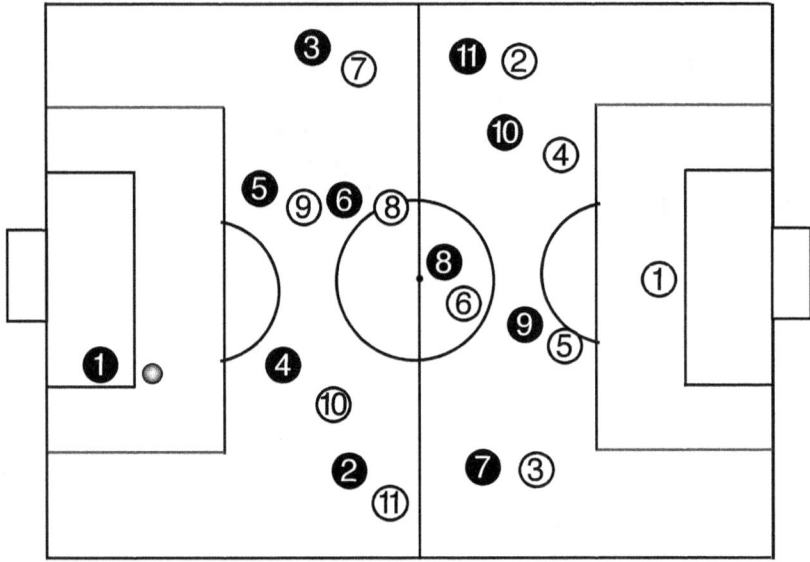

2.2. Táctica ofensiva

Son todas las acciones tácticas que puede realizar un equipo, cuando tiene la posesión del balón.

Ejercicio 3.

Nuestro portero va a realizar saque con la mano.

▶ Posiciona a los once jugadores de tu equipo para intentar un contraataque eficaz. Aplica cualquier sistema de juego.

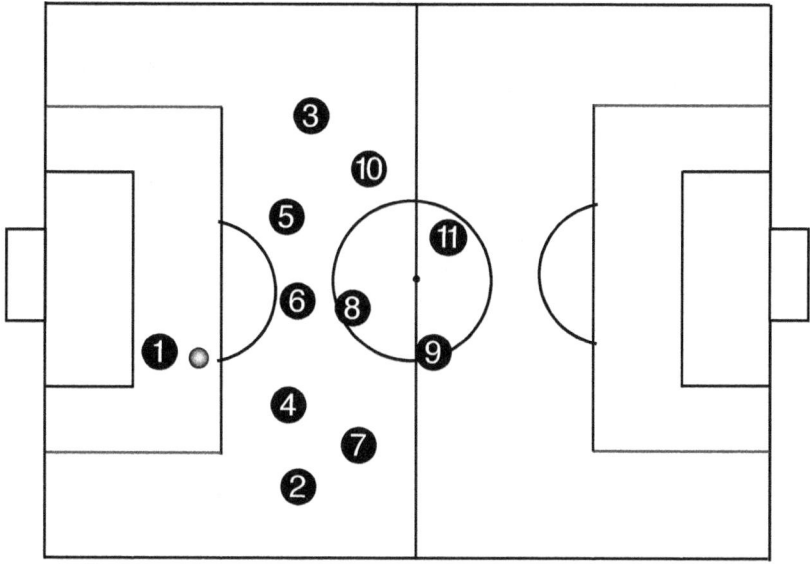

Propuesta para ejercicio 3

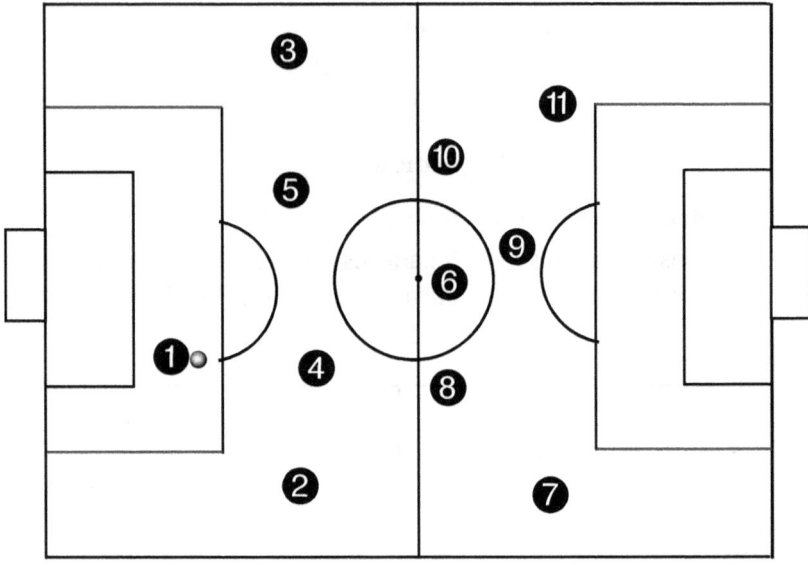

II. TRANSICIONES DE ATAQUE Y DEFENSA

1. De ataque a defensa

Cuando el contrario nos arrebata el balón, lo normal es que realice con toda rapidez una transición defensa-ataque, es decir, pasar de defenderse a intentar poner en riesgo nuestra portería.

La transición de ataque a defensa, la realiza el equipo que pierde el balón, pasando todos sus jugadores a la acción defensiva, una vez perdido la posesión del balón.

Existen tres acciones que nos conviene realizar inmediatamente después de que nuestro equipo pierda la posesión del balón.

En cuanto perdamos la posesión del balón, rápidamente hay que potenciar la acción defensiva de nuestro equipo de forma colectiva para:

a) dificultar la progresión del adversario
b) defender nuestra portería y
c) recuperar la pelota y nuestra posición atacante.

Ejercicio 4.

Transición de Ataque a Defensa: El defensa central derecho adversario, nos roba el balón en el frontal de su área de penalty (cuando estábamos en pleno ataque) e inicia contraataque.

▶ Marca con unas flechas, los movimientos de cada uno los jugadores de nuestro equipo (que ha perdido el balón) para pasar con orden y rapidez, desde la acción ofensiva a potenciar nuestra acción defensiva.

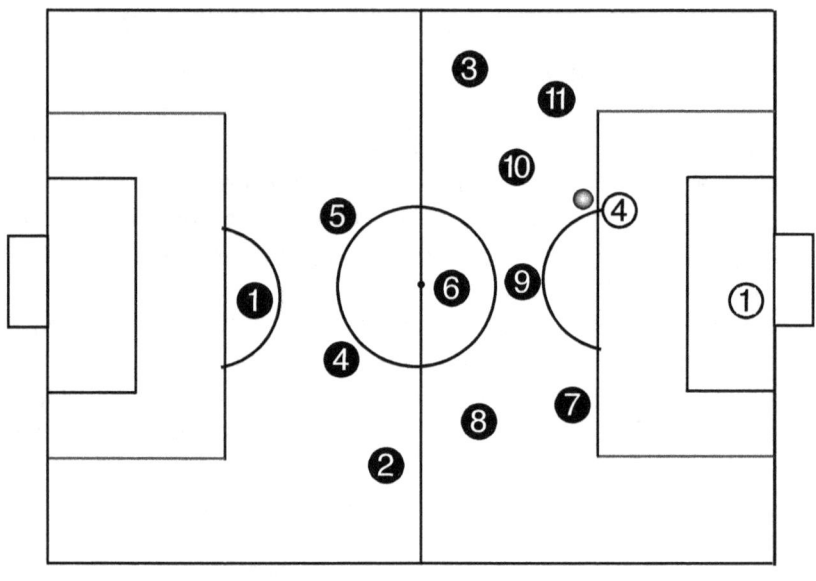

Propuesta para ejercicio 4

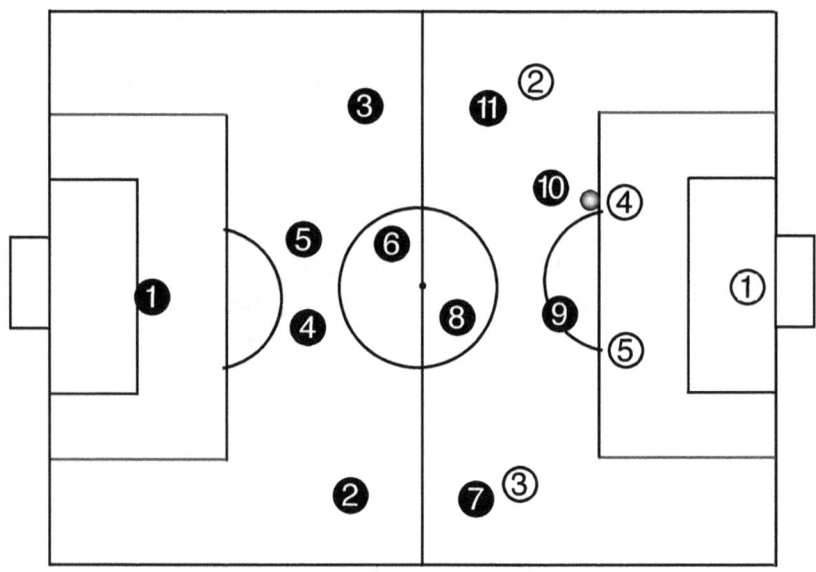

2. De defensa a ataque

Cuando recuperamos el balón, pasamos con orden y rapidez, desde nuestra acción defensiva a contraatacar al equipo adversario.

La transición de defensa a ataque, la realiza el equipo que recupera el balón, pasando inmediatamente todos sus jugadores a la acción ofensiva.

Existen tres acciones que nos conviene realizar inmediatamente después de que nuestro equipo recupera la posesión del balón.

En cuanto recuperemos la posesión del balón, rápidamente hay que potenciar la acción ofensiva de nuestro equipo de forma colectiva para:

a) Mantener la posesión del balón

b) Favorecer nuestra acción de ataque sobre la portería contraria y

c) Aplicar desmarques y juego en amplitud que propicien finalizaciones.

Ejercicio 5.

Transición de Defensa a Ataque: Nuestro centrocampista 6 corta el balón e inicia contraataque.

▶ Marca con unas flechas, los movimientos de cada uno los jugadores de nuestro equipo (que ha recuperado el balón) para pasar con orden y rapidez, desde la acción defensiva a contraatacar al equipo adversario y disponer de opciones de pase en zona avanzada de ataque.

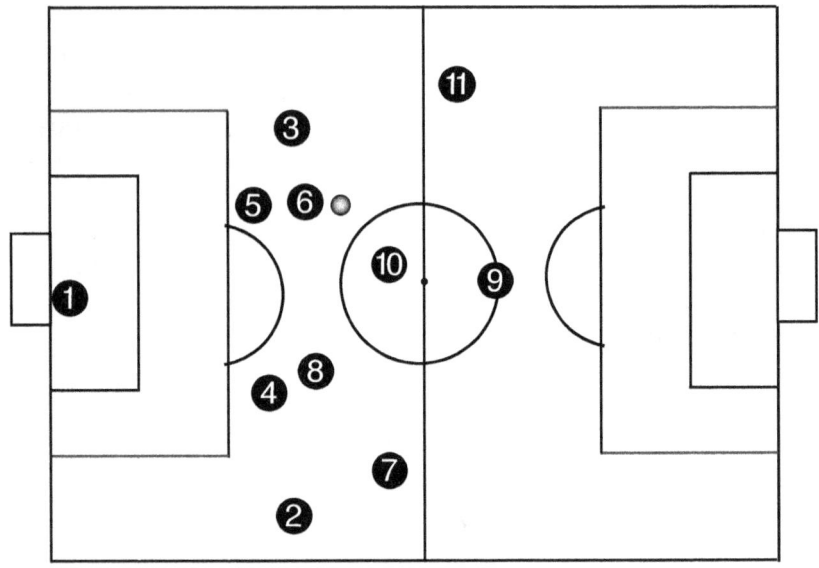

Propuesta para ejercicio 5

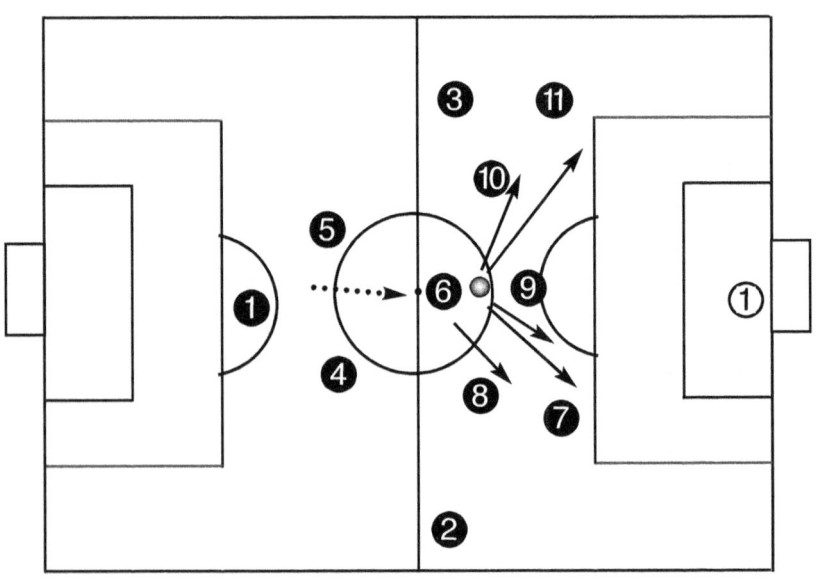

III. LA IMPORTANCIA DE LA TÁCTICA EN LA FORMACIÓN DEL FUTBOLISTA

Todas las materias que se incluyen en la formación del futbolista son importantes (Técnica, Táctica, Condición física, Aspectos Psicológicos, etc., etc.), para que alcances un alto nivel como futbolista.

El fútbol es un deporte de habilidades abiertas, con muchos tipos de jugadas, que necesitan de tu creatividad, de tu imaginación, y en el que tendrás que hacer la acción correcta, pero en el momento oportuno. Eso marca la importancia de la táctica.

Acciones de Táctica Defensiva
1. Marcaje

Marcajes son todas aquellas acciones tácticas defensivas que realizan los jugadores de un equipo respecto a sus adversarios, para evitar que reciban el balón o si ya lo poseen, para que no puedan utilizarlo eficazmente.

Tipos de Marcaje:
a.- Marcaje individual o marcaje al hombre.
b.- Marcaje por zonas.
c.- Marcaje mixto.

Ejercicio 6.

El equipo contrario realiza un ataque sobre nuestra mitad de campo. En el círculo central su centrocampista defensor, posee el balón y tiene posicionado en ataque a 4 compañeros.

▶ Posiciona al portero y a los componentes de nuestro bloque defensivo y de centrocampistas para controlar dicho ataque, según tu criterio.

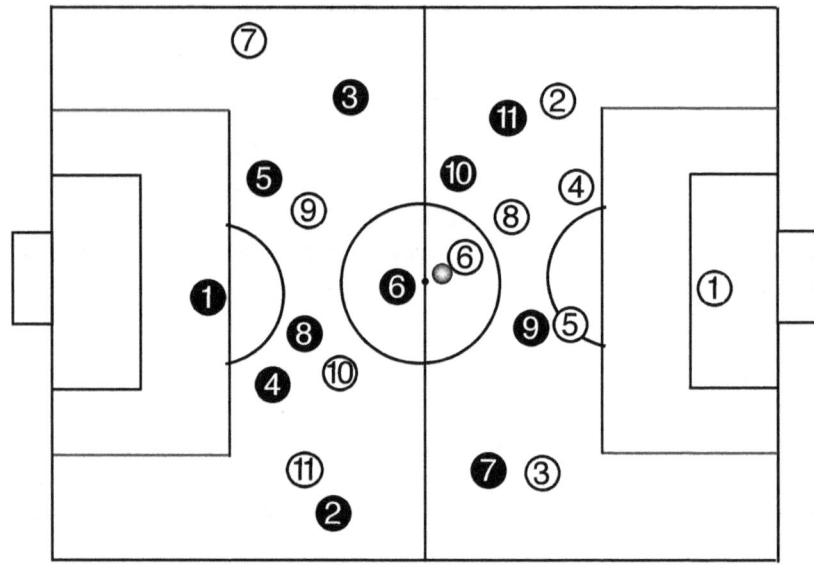

Propuesta para ejercicio 6

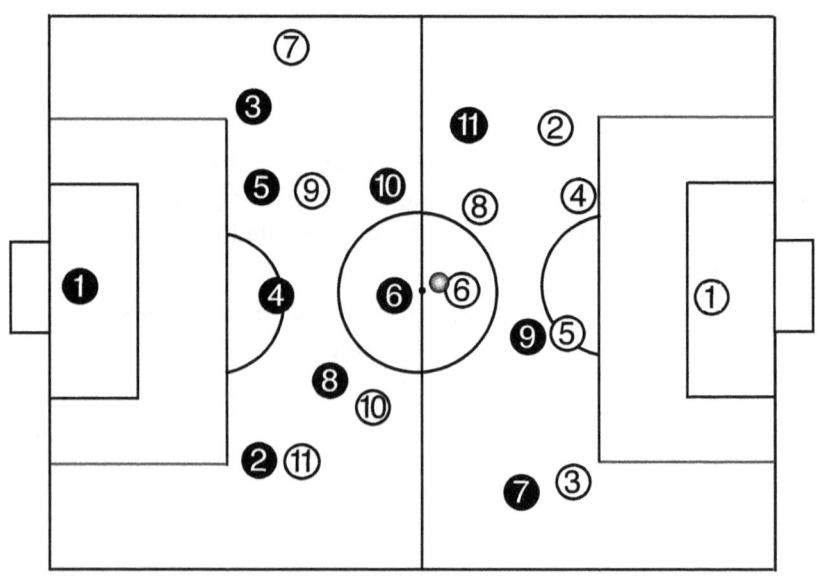

2. Repliegue

Repliegues son aquellos movimientos de retroceso que realizan los jugadores de un equipo que perdió la posesión del balón en su acción ofensiva, volviendo lo más rápidamente posible a las zonas o misiones encomendadas por el entrenador, con el fin primordial de organizarse defensivamente de la forma más adecuada y cerrar espacios.

Ejercicio 7.

Tu equipo está realizando una acción ofensiva. El delantero centro pierde el balón en el frontal del área contraria. El central derecho nº 4 adversario se apodera del balón e inicia un rápido contraataque.

▶ Marca con flechas los movimientos de nuestros jugadores para hacer un repliegue colectivo correcto.

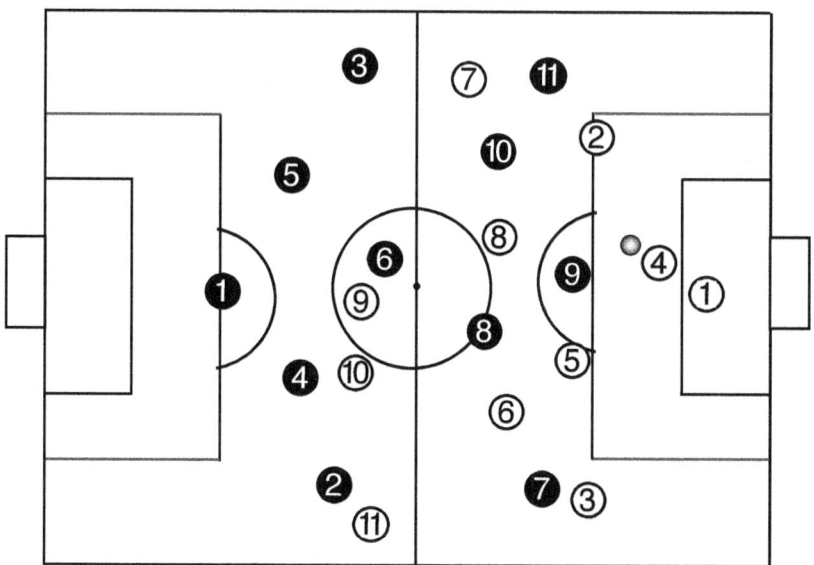

Propuesta para ejercicio 7

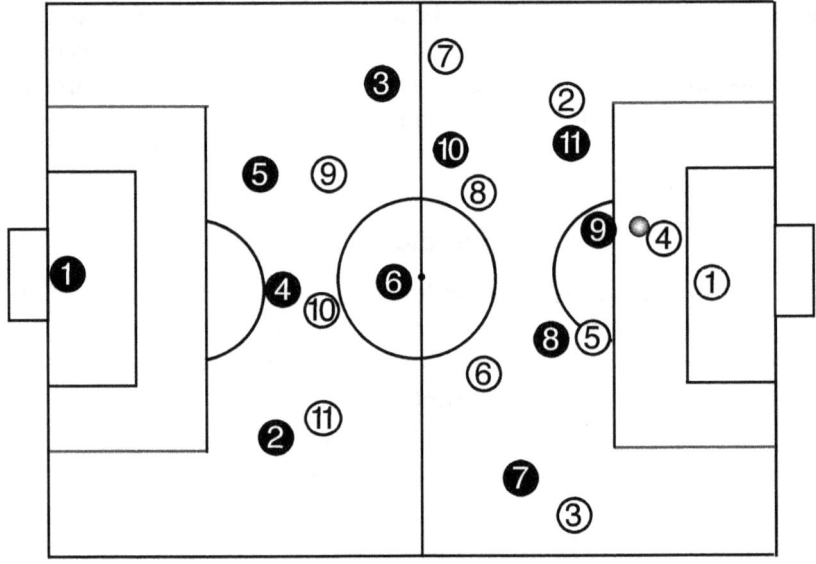

3. Basculaciones

Basculaciones son acciones tácticas defensivas que consisten en el movimiento de los jugadores defensores, de lado a lado del campo, en horizontal y hacia la zona en que se encuentra el balón, dejando libre las zonas mas alejadas del mismo, con el fin de generar ventaja numérica, en las zonas próximas al balón.

Ejercicio 8.

En el frontal próximo a nuestra área hay una línea de 4 defensores. El adversario 11, profundiza y nuestro defensa lateral derecho 2 se adelanta para cortar su progresión.

▶ Representa con flechas el movimiento de 2 y las direcciones y los movimientos necesarios para una correcta basculación de sus compañeros 4, 5 y 3.

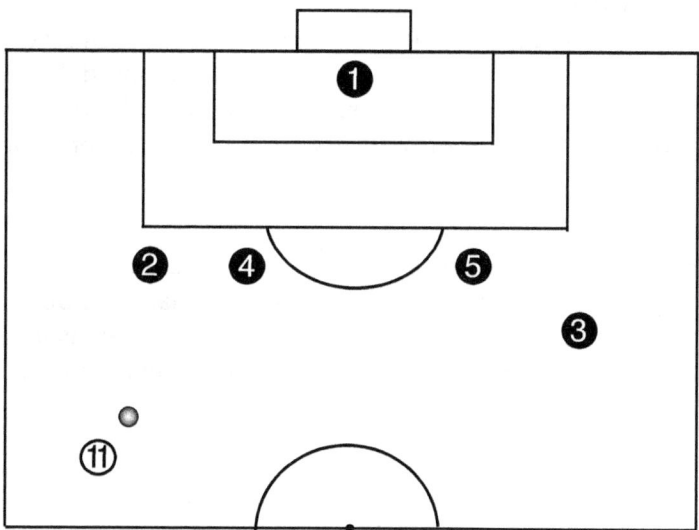

Propuesta de ejercicio 8

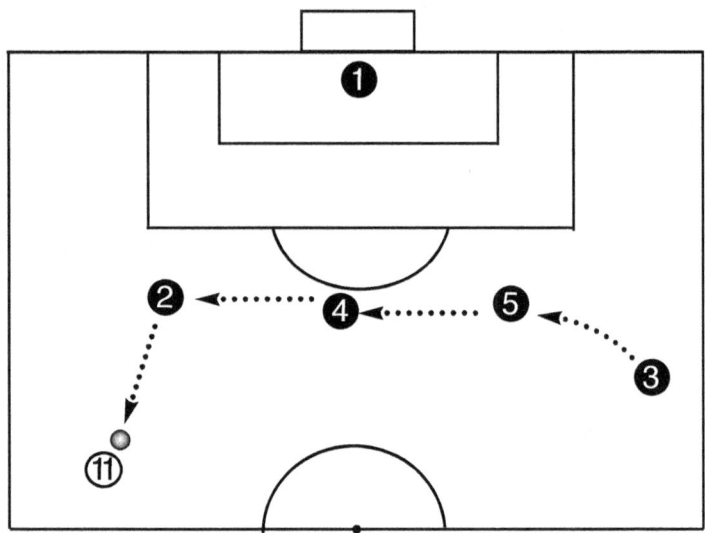

4. Coberturas

Cobertura es la acción táctica defensiva que consiste en estar cerca del compañero, en situación de ayudarle en las tareas defensivas y ocupar sus funciones en caso de ser superado o desbordado por el poseedor del balón, por otro adversario o rebasado por el propio balón.

5. Permutas

Permuta es la acción táctica defensiva que realiza un jugador recién desbordado, consistente en ocupar, lo más rápidamente posible, la posición y las funciones dejadas por el compañero defensor que le hacía la cobertura y que, en su ayuda, sale al encuentro del adversario.

Ejercicio 9.

Cobertura y permuta. El jugador contrario 11 entra conduciendo por su banda izquierda. Nuestra última línea de defensa de 4 jugadores (2, 4, 5 y 3) y el portero 1, están en la posición inicial que se indica en el gráfico. El nº 2 sale a cortar el avance del contrario 11, pero es desbordado. 4 sale en cobertura de 2 y este, permuta con 4.

▶ Dibuja los movimientos necesarios en los cuatro defensores.

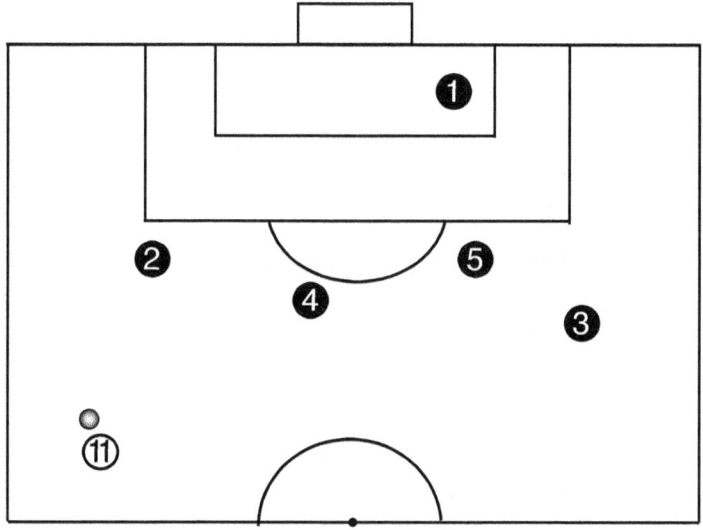

Propuesta de ejercicio 9

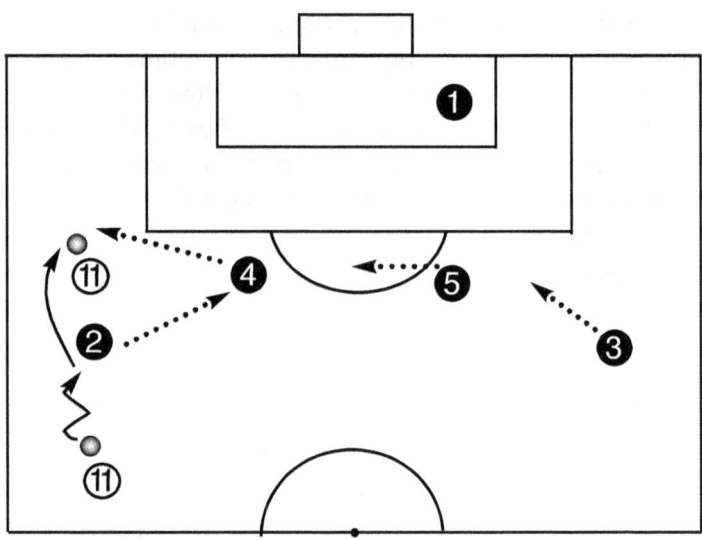

6. Temporización. Es la acción táctica defensiva que consiste en ralentizar y dificultar al adversario poseedor, en su progresión o realización de jugada. También podemos utilizarla para obtener ventaja temporal a nuestro favor, dando ocasión a que se refuerce nuestra posición con la llegada de compañeros.

7. Pressing. Es la acción de asedio o acoso sobre el equipo contrario, que se realiza una vez perdida la posesión del balón, sobre uno, varios o la totalidad de los adversarios, con la finalidad de no dejarles ninguna libertad de acción, arrebatarles la posesión del balón, provocarles un error en su juego o romper en su origen su juego ofensivo.

Ejercicio 10.

Pressing intenso. El balón está en posesión del lateral izquierdo 3 del equipo contrario, en el pasillo entre el lateral de su área de penalty y la línea de banda.

▶ Partiendo de la posición que tienen los jugadores de los dos equipos en el terreno de juego siguiente, marca con flechas los movimientos que deben realizar los jugadores de tu equipo para aplicar un pressing intensivo, tanto sobre dicho jugador 3 poseedor del balón, como sobre sus compañeros que ofrezcan opciones de pase.

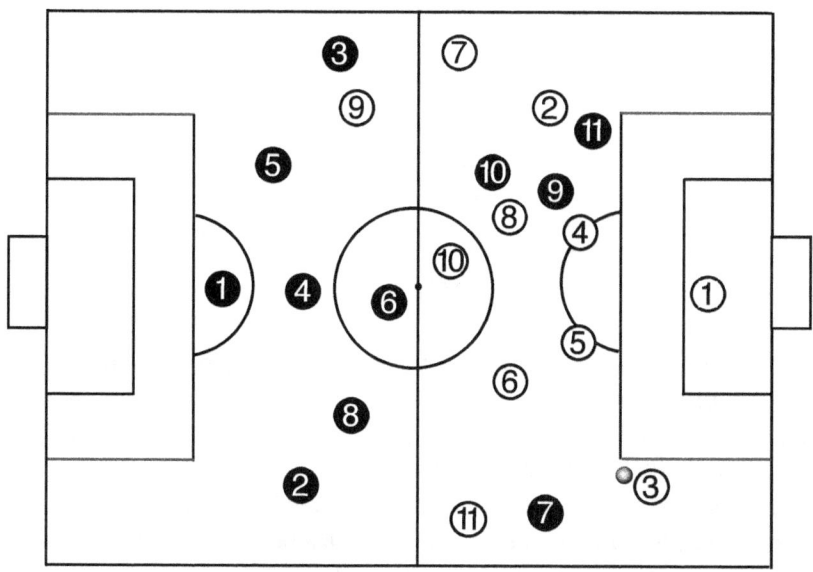

Propuesta para ejercicio 10

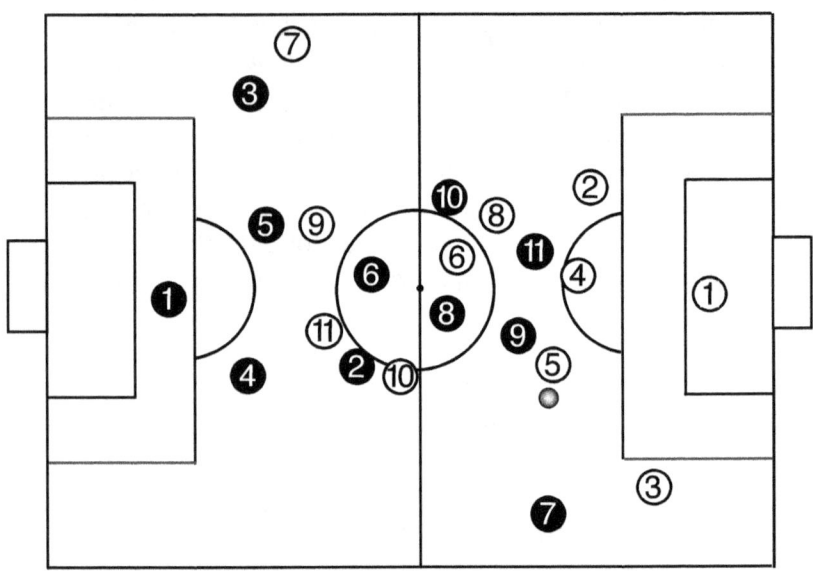

Acciones de Táctica Ofensiva

1. Desmarques

Desmarque es la acción táctica ofensiva, que se realiza cuando un compañero nuestro se apodera del balón y tratamos de eludir el marcaje que nos aplica el adversario y de este modo, poder ofrecer opciones favorables para nuestro juego.

Existen dos clases de desmarques: de apoyo y de ruptura.

Desmarque de apoyo, es el que se utiliza para facilitar la acción de nuestro compañero que posee el balón.

Ejercicio 11.

Nuestro centrocampista defensivo 6 ha recuperado un balón sobre el círculo central.

▶ Partiendo de la posición que tienen los jugadores de nuestro equipo en el terreno de juego siguiente, dibuja con unas flechas, los movimientos que deben hacer todos los jugadores, para ocupar favorablemente el terreno y de forma que a nuestro centrocampista 6, poseedor del balón, 8, le ofrezca desmarque de apoyo lateral y 9, le ofrezca desmarque de apoyo frontal.

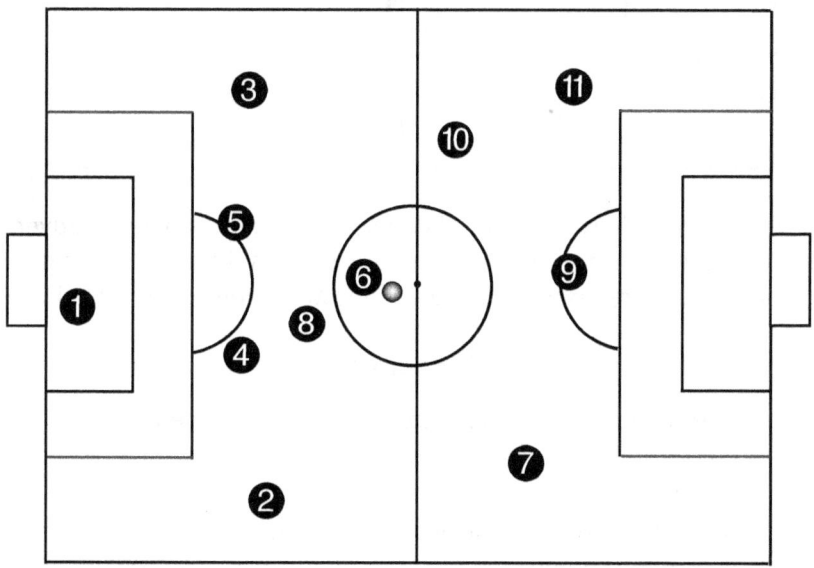

Propuesta para ejercicio 11

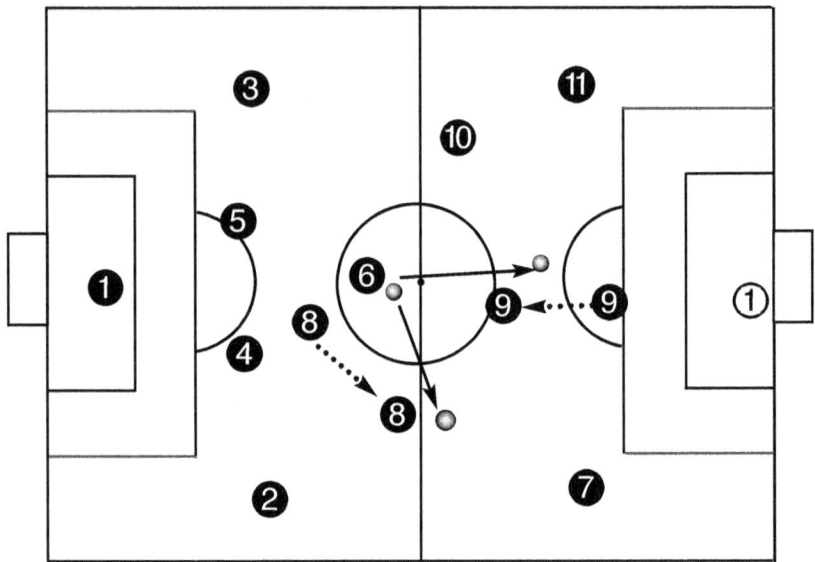

Desmarque de ruptura, es el que se utiliza para superar al adversario que nos marca o bien para reducir nuestra distancia con la portería contraria, rebasando siempre a nuestro compañero con balón.

Ejercicio 12.

Nuestro defensa lateral izquierdo 3, ha recuperado un balón en la zona de su pasillo sobre la línea divisoria de campos.

▶ Partiendo de la posición de los jugadores en el terreno de juego siguiente, dibuja con unas flechas, los movimientos que deben hacer todos los jugadores, para ocupar favorablemente el terreno y de forma que a nuestro defensa lateral izquierdo 3, poseedor del balón, su compañero 10 le ofrezca desmarque de ruptura y sus compañeros 6, 7, 8, 9 y 11, colaboren en la acción ofensiva.

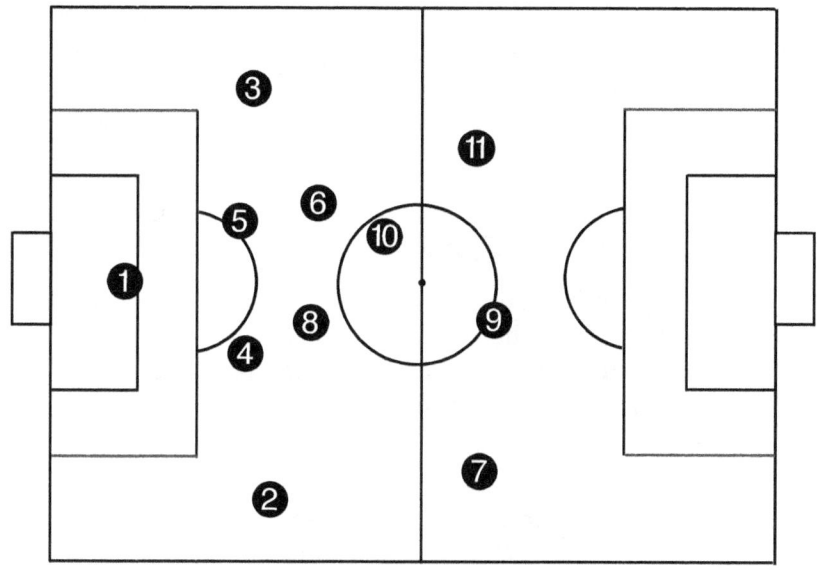

Propuesta para ejercicio 12

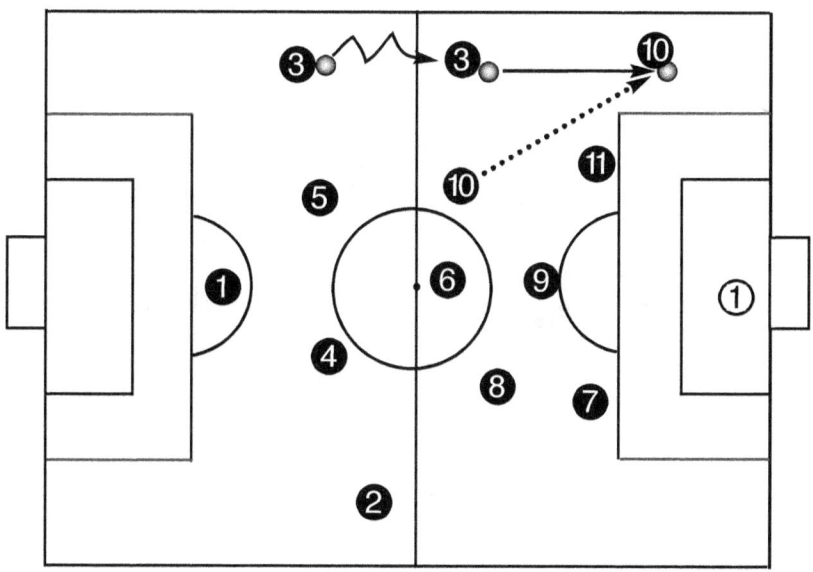

2. Desdoblamientos

Desdoblamiento es la acción táctica ofensiva, que tiene como objetivo no perder el control posicional del terreno de juego y que se realiza ocupando o cubriendo el espacio que deja el compañero que está haciendo otra acción ofensiva.

Ejercicio 13.

Ataque iniciado desde nuestro portero que envía balón a nuestro central 5 desmarcado y adelantado a zona próxima a círculo central. 5 profundiza hacia la zona central de nuestra punta de ataque.

▶ Dibuja con flechas los movimientos de todos los jugadores de nuestro equipo de forma que ocupen inteligentemente el terreno de juego y que dentro de esta acción ofensiva se produzca un desdoblamiento, necesario para que 10 se retrase a posición de 6 y este a su vez se retrase a la posición en defensa inicial de 5.

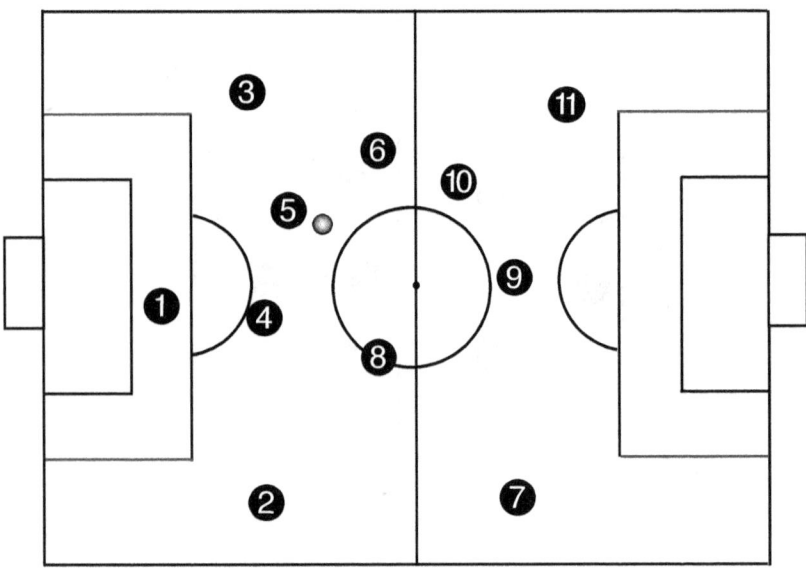

Propuesta para ejercicio 13

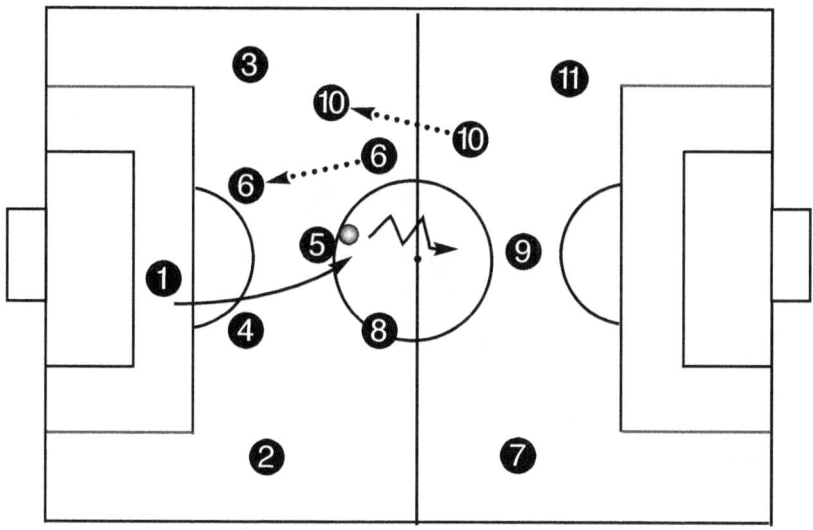

3. Cambios de ritmo

Cambio de ritmo es la acción táctica ofensiva, que consiste en aplicar variaciones en la velocidad con que se lleva a cabo el desarrollo del ataque, para desconcertar al equipo adversario.

4. Cambios de orientación

Cambio de orientación es la acción táctica ofensiva que consiste en cambiar la trayectoria y dirección del balón, tratando de situarlo en otras zonas alejadas, con idea de favorecer nuestra posesión de balón y nuestras opciones de ataque.

Ejercicio 14.

Nuestro portero bloca el balón y saca sobre 2 abierto a banda que cede a 5 que se ha desmarcado sobre el círculo central y este hace cambio de orientación, enviándolo elevado a nuestro punta 11 que está en banda izquierda avanzada.

▶ Posiciona adecuadamente a todos nuestros jugadores en esta acción táctica ofensiva y bajo el sistema básico 1-4-3-3. Marca con flechas todos los movimientos hasta el cambio de orientación.

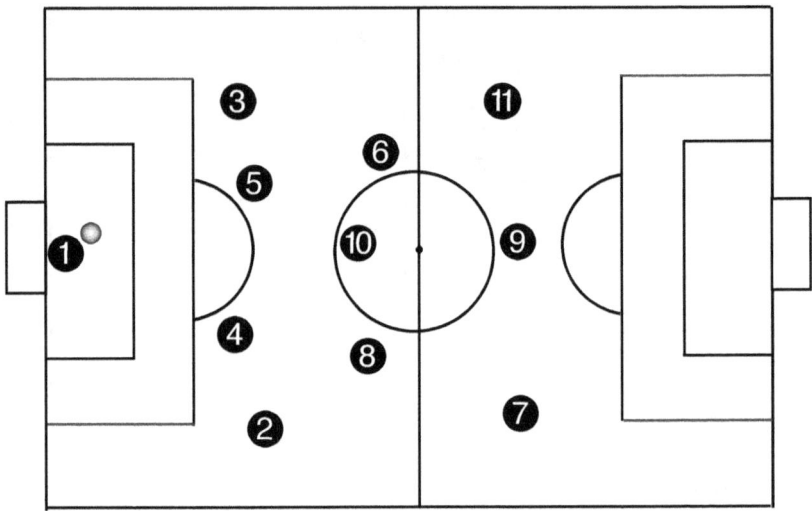

Propuesta para ejercicio 14

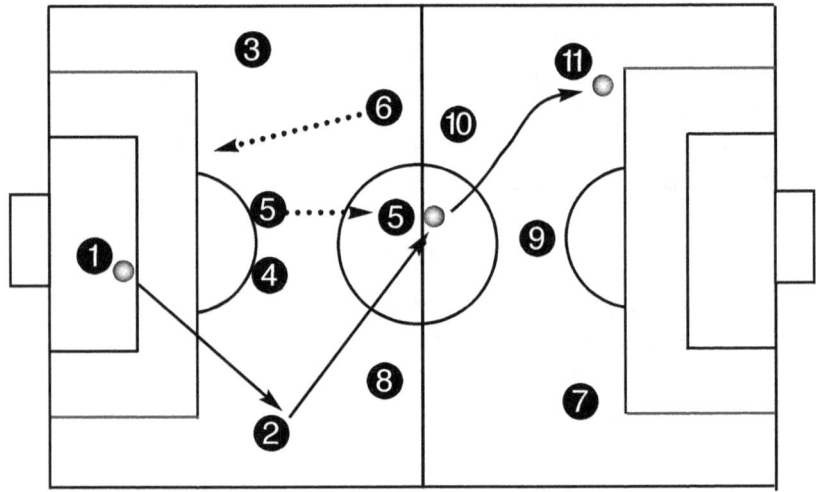

5. Ataque

Ataque es la acción táctica ofensiva, que incluye todos los movimientos que realiza un equipo que está en posesión del balón, para intentar situarse en posición favorable en la zona de finalización y marcar gol.

El ataque tiene una progresión elaborada y con participación colectiva de gran parte del equipo.

Ejercicio 15.

Nuestro equipo aplica sistema 1-4-3-3. Partiendo de la posición inicial en que están los jugadores en el siguiente terreno de juego, desarrolla los movimientos propios de un ataque completo que se inicia con nuestro saque de meta por el portero.

▶ Marca con flechas los nuevos posicionamientos de los jugadores y los movimientos del balón para llevar a cabo toda la acción ofensiva.

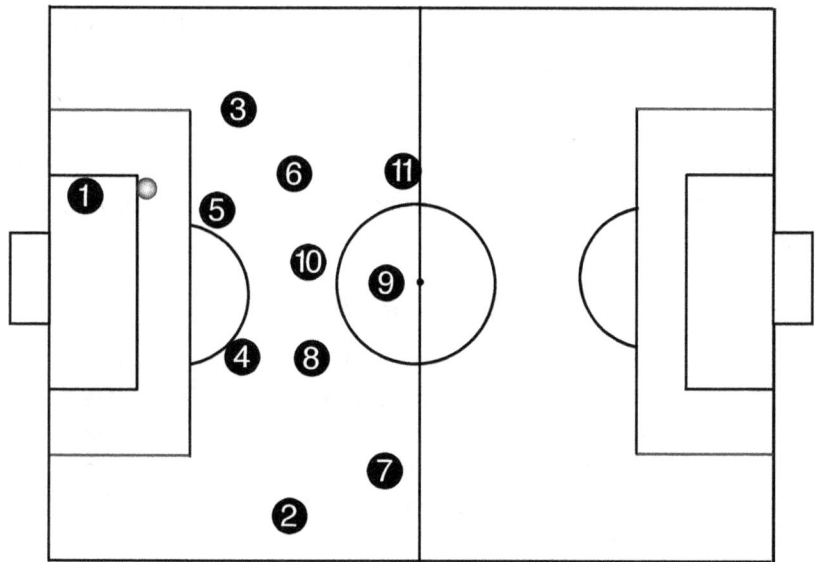

Propuesta para ejercicio 15

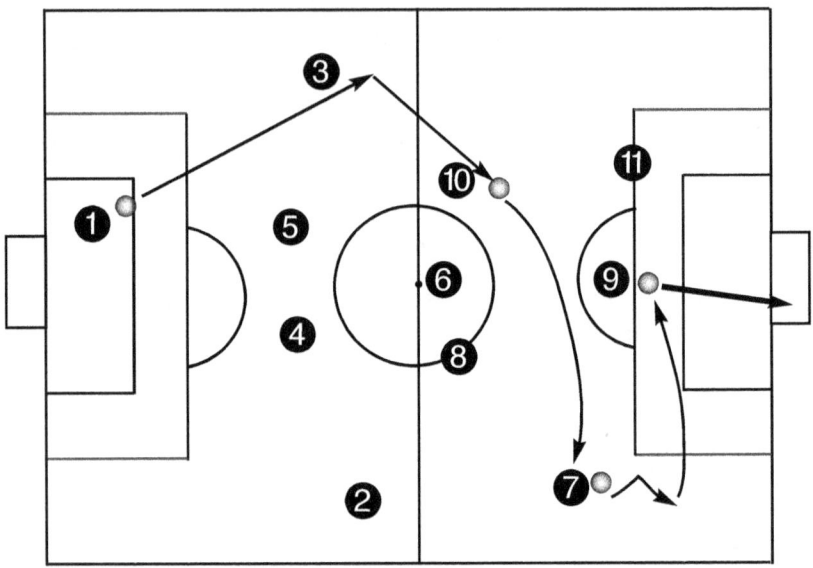

6. Contraataque

Contraataque es la acción táctica ofensiva que consiste en intentar sorprender al equipo adversario, llevando con rapidez el balón recién recuperado, hacia su portería, antes de que se repliegue y organice en su acción defensiva.

Es una forma rápida de ataque que se inicia inmediatamente después de robar un balón, con verticalidad, con pocos toques y participando pocos jugadores.

Ejercicio 16.

Nuestro equipo aplica sistema 1-4-4-2. Partiendo de la posición inicial en que están los jugadores en el siguiente terreno de juego, desarrolla los movimientos propios de un contraataque completo que se inicia con saque con la mano de nuestro portero, que ha blocado un tiro del equipo adversario.

▶ Marca con flechas los nuevos posicionamientos de los jugadores y los movimientos del balón para llevar a cabo toda la acción ofensiva.

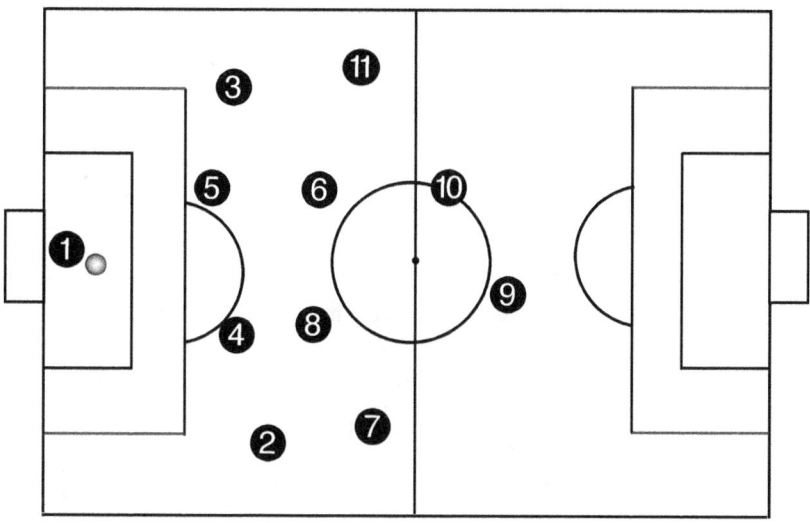

Propuesta para ejercicio 16

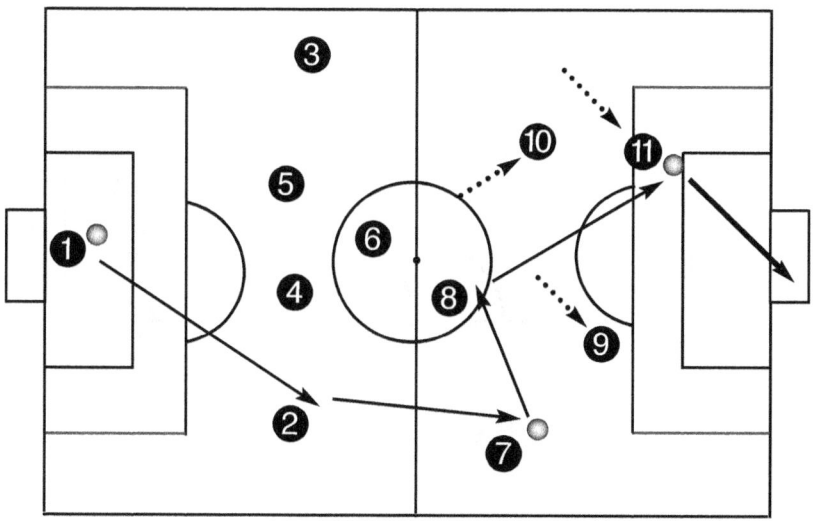

7. Ayudas permanentes

Ayudas permanentes son las soluciones favorables que ofrecen los jugadores de un equipo a su compañero poseedor del balón, mediante movimientos que ayuden a terminar con éxito la jugada o bien para mantener la posesión.

Ejercicio 17.

Nuestro centrocampista 8 conduce el balón por el centro del campo. Sus compañeros 7, 9, 10 y 11, le ofrecen ayudas.

▶ Dibuja con flechas la jugada, posicionando a los jugadores participantes en el ataque y los movimientos de los que ofrecen esas ayudas.

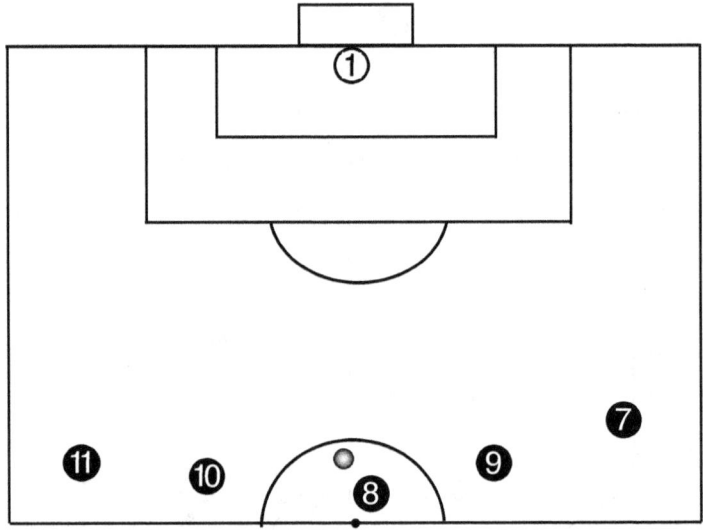

Propuesta para ejercicio 17

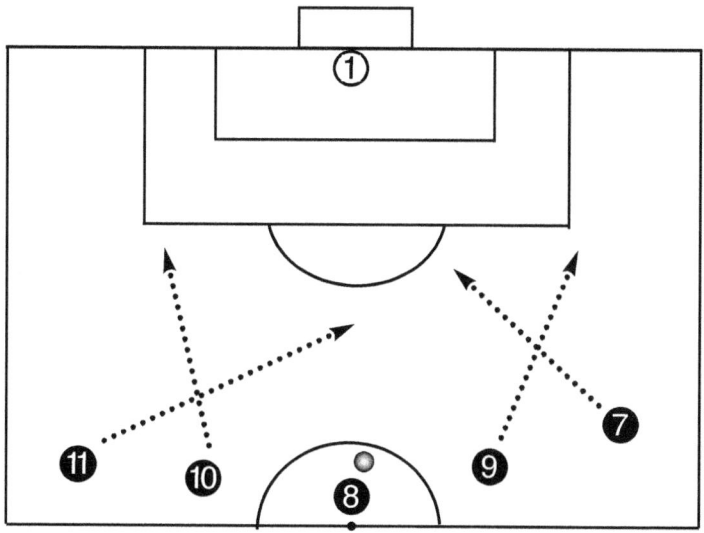

IV. SISTEMAS DE JUEGO BÁSICOS Y ALGUNAS DE SUS VARIANTES

Sistema de juego es la forma de posicionarse los jugadores en el terreno de juego, antes de realizar movimientos ofensivos o defensivos.

En un equipo ordenado y bien posicionado, el sistema que aplica en el partido es claramente observable en los saques de puerta, al final de un repliegue colectivo, etc.

De cada uno de los sistemas básicos, se desarrollan variantes.

1. La posición de los jugadores en un sistema básico de juego con 3 defensas: 1-3-4-3.

Ejercicio 18.

Partiendo de la posición que tienen nuestros jugadores en el campo de fútbol del gráfico siguiente, sitúa a los 11 jugadores con el sistema básico 1- 3- 4- 3, ocupando racionalmente todo el terreno de juego, ante un saque de meta del portero adversario.

▶ Indica mediante flechas, la posición en que quedará cada jugador.

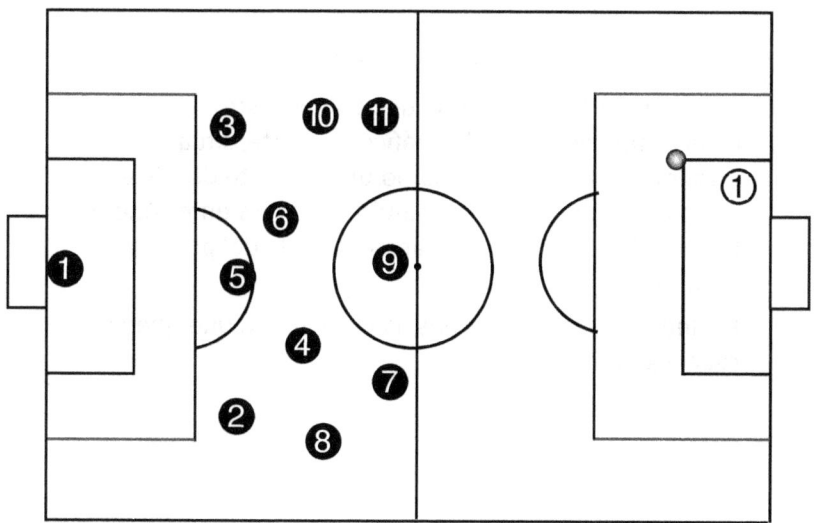

Propuesta para ejercicio 18

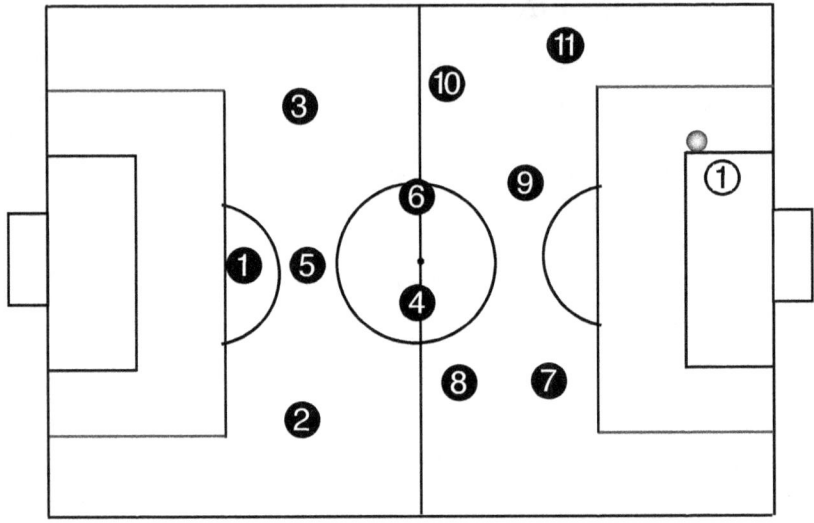

2. Un ejemplo de variante del sistema básico 1-3-4-3: el sistema 1-3-1-3-3.

Ejercicio 19.

Partiendo de la posición que tienen nuestros jugadores en el campo de fútbol del gráfico siguiente, sitúa a los 11 jugadores en 1-3-1-3-3, como una variante del sistema básico de 3 defensas, ocupando racionalmente todo el terreno de juego, ante un saque de meta del portero adversario.

▶ Indica mediante flechas, la posición en que quedará cada jugador.

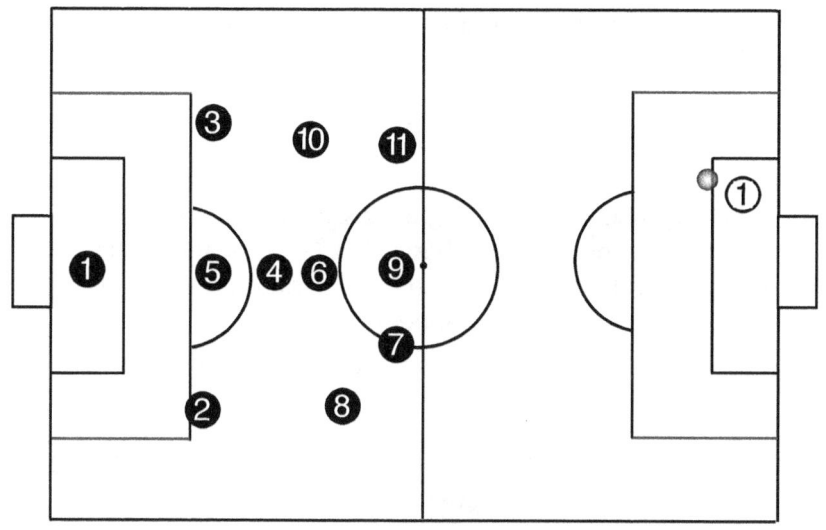

Propuesta para ejercicio 19

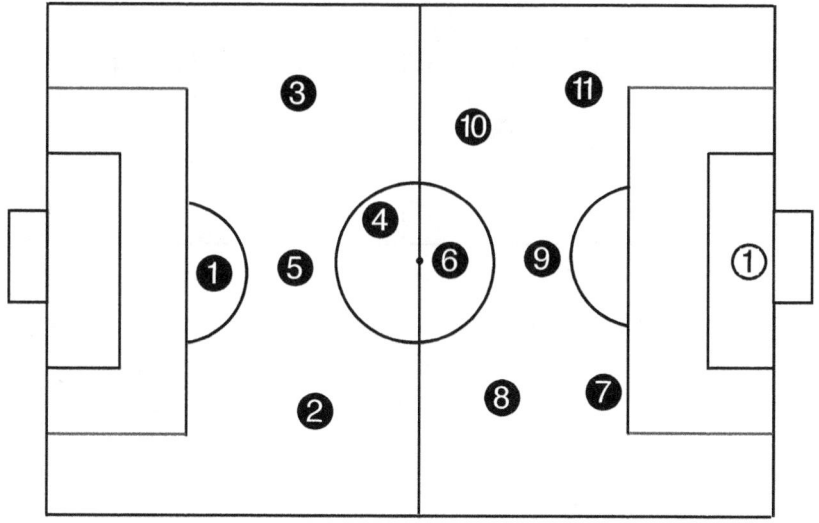

3. La posición de los jugadores en un sistema básico de juego con 4 defensas: 1-4-4-2.

Ejercicio 20.

Partiendo de la posición que tienen nuestros jugadores en el campo de fútbol del gráfico siguiente, sitúa a los 11 jugadores con el sistema básico 1-4-4-2, ocupando racionalmente todo el terreno de juego, ante un saque de meta del portero adversario.

▶ Indica mediante flechas, la posición en que quedará cada jugador.

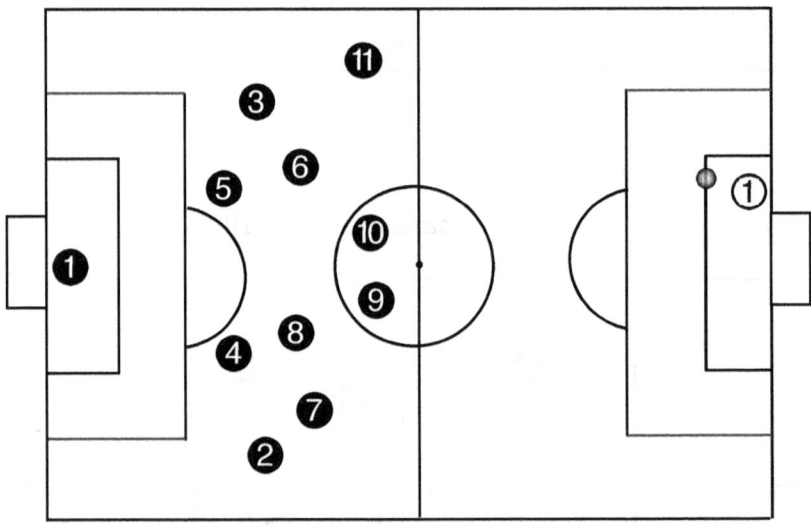

Propuesta para ejercicio 20

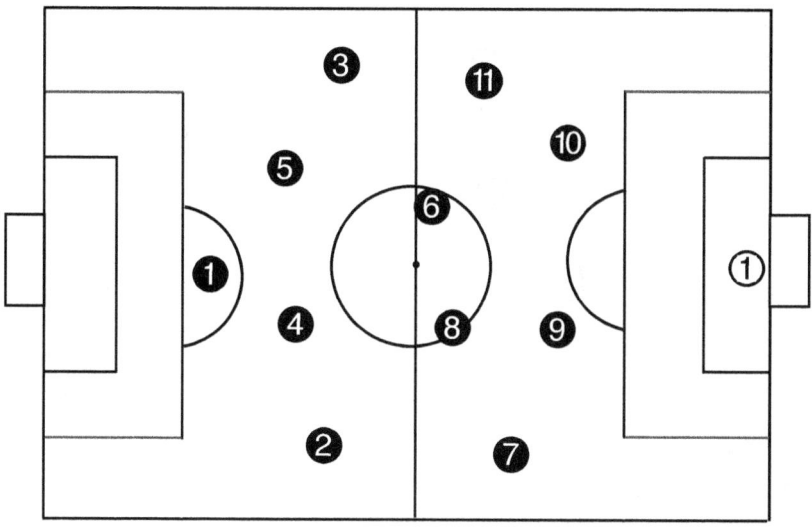

4. Un ejemplo de variante del sistema básico 1-4-4-2: el sistema 1-4-1-3-2.

Ejercicio 21.

Partiendo de la posición que tienen nuestros jugadores en el campo de fútbol del gráfico siguiente, sitúa a los 11 jugadores en 1- 4-1-3-2, como una variante del sistema básico de juego con 4 defensas, ocupando racionalmente todo el terreno de juego, ante un saque de meta del portero adversario.

▶ Indica mediante flechas, la posición en que quedará cada jugador.

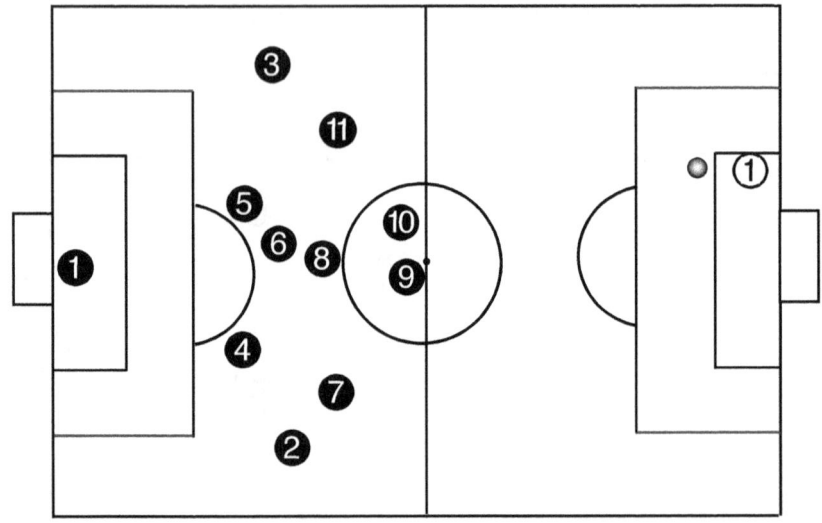

Propuesta para ejercicio 21

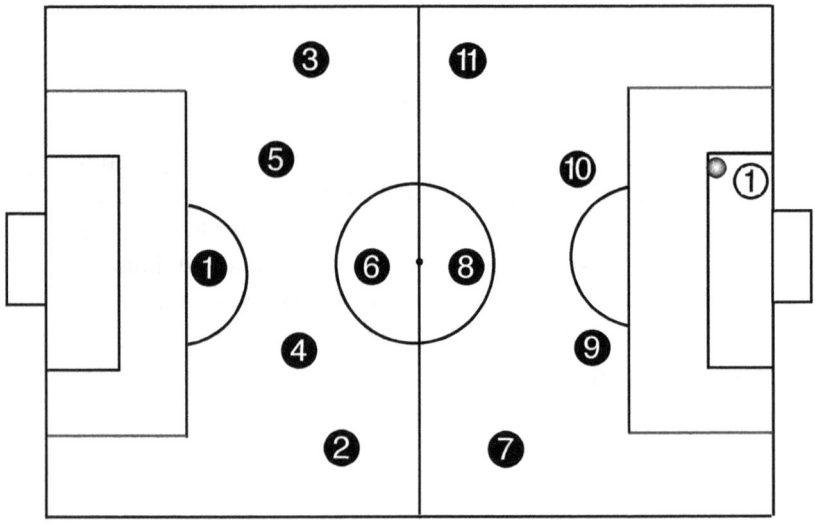

5. La posición de los jugadores en un sistema básico de juego con 5 defensas: 1-5-3-2.

Ejercicio 22.

Partiendo de la posición que tienen nuestros jugadores en el campo de fútbol del gráfico siguiente, sitúa a los 11 jugadores con el sistema básico 1- 5-3-2, ocupando racionalmente todo el terreno de juego, ante un saque de meta del portero adversario.

▶ Indica mediante flechas, la posición en que quedará cada jugador.

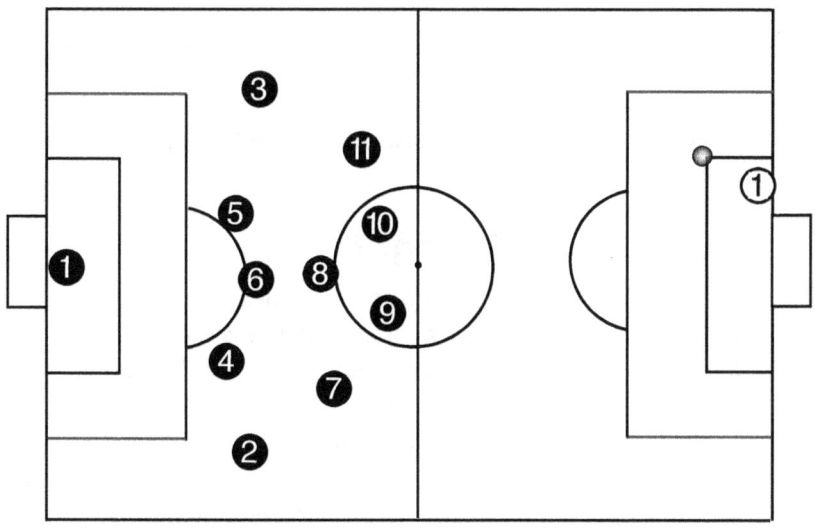

Propuesta para ejercicio 22

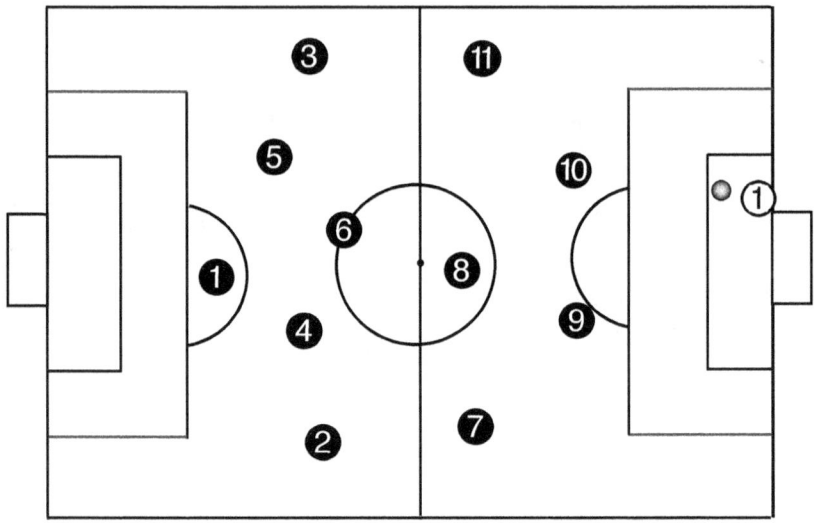

6. Un ejemplo de variante del sistema básico 1-5-3-2: el sistema 1-5-3-1-1.

Ejercicio 23.

Partiendo de la posición que tienen nuestros jugadores en el campo de fútbol del gráfico siguiente, sitúa a los 11 jugadores en 1- 5-3-1-1, como una variante del sistema básico de juego con 5 defensas, ocupando racionalmente todo el terreno de juego, ante un saque de meta del portero adversario.

▶ Indica mediante flechas, la posición en que quedará cada jugador.

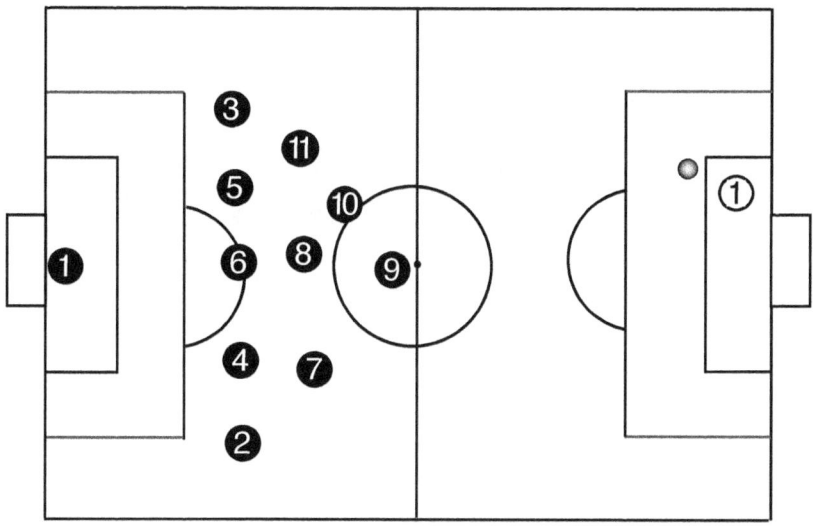

Propuesta para ejercicio 23

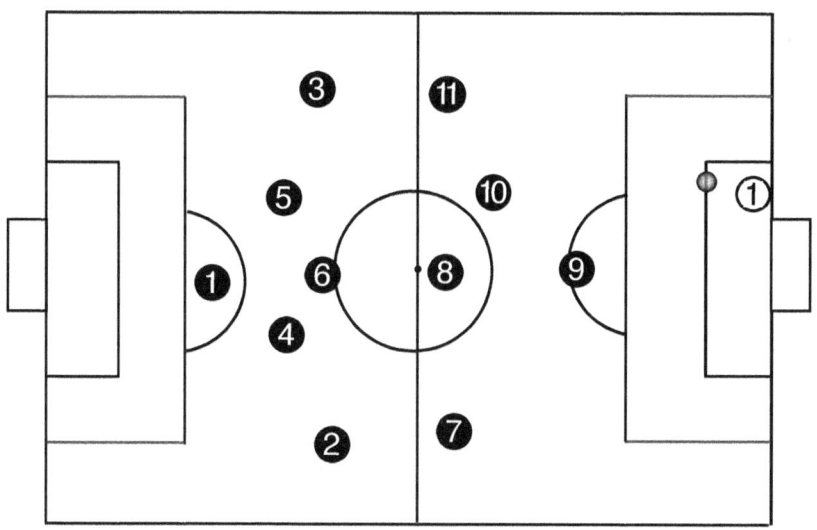

V. MODELOS TÁCTICOS

Tu equipo pondrá en aplicación el modelo táctico que tu entrenador conciba de acuerdo con las características de sus jugadores y también teniendo en cuenta otros factores.

1. Modelos tácticos defensivos

En relación a la presión que aplique cada equipo y a la zona en que se aplique esa presión, se define si el modelo es defensivo u ofensivo.

Modelos tácticos de corte defensivo y zona donde aplicar la presión:

- Modelo táctico con presión avanzada (presión en campo contrario)
- Modelo táctico con presión intermedia (presión en espacios intermedios)
- Modelo táctico con presión replegada: (presión en nuestro campo)

Ejercicio 24.

Presión avanzada. El equipo contrario tiene situados a sus jugadores tal y como se observa en el gráfico del terreno de juego siguiente. El portero adversario, va a realizar saque de meta.

Nuestro equipo aplica sistema 1-5-3-2. Partiendo de su posicionamiento inicial, sitúa a nuestros jugadores de forma que apliquen una presión avanzada (en campo contrario).

▶ Indica mediante flechas los movimientos y la posición final en que quedarán cada uno de nuestros jugadores.

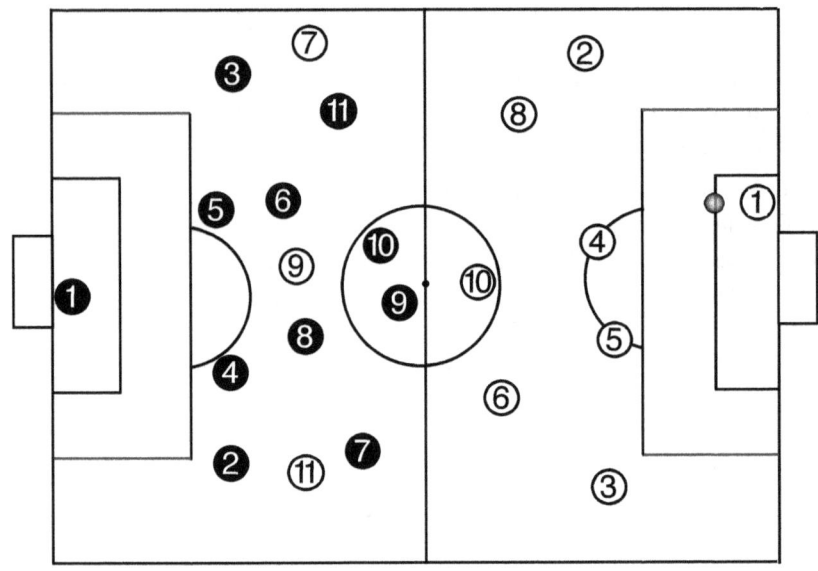

Propuesta para ejercicio 24

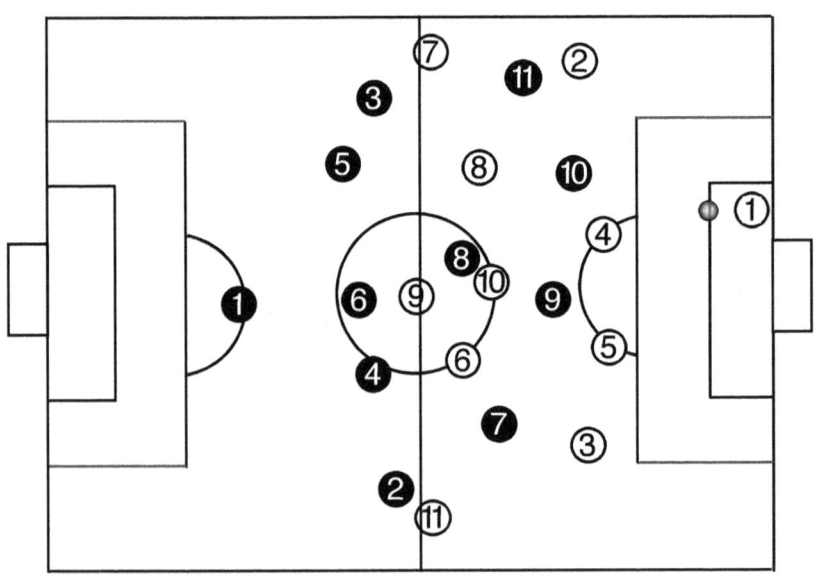

2. Modelos tácticos ofensivos

Los conceptos tácticos que apliquemos a nuestra forma de llevar a cabo la progresión de nuestros ataques y contraataques, definirán el tipo de juego ofensivo de nuestro equipo.

Conceptos tácticos que podemos aplicar en nuestros ataques:
- Modelos de ataques directos
- Modelos de ataques combinativos
- Modelos de ataques mixtos

Ejercicio 25.

Ataque combinativo. Nuestro equipo aplica sistema 1-4-4-2. La jugada la inicia nuestro portero con saque de puerta. Partiendo de la posición que tienen nuestros jugadores en el campo de fútbol del gráfico siguiente, desarrolla un ataque combinativo completo que termine en tiro a gol.

▶ Indica mediante flechas, las combinaciones con el balón y los posibles movimientos de nuestros jugadores.

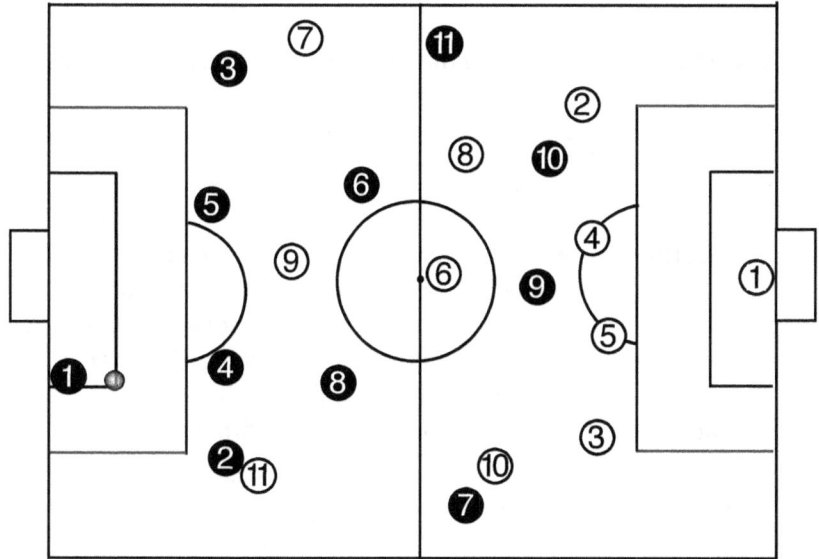

Propuesta para ejercicio 25

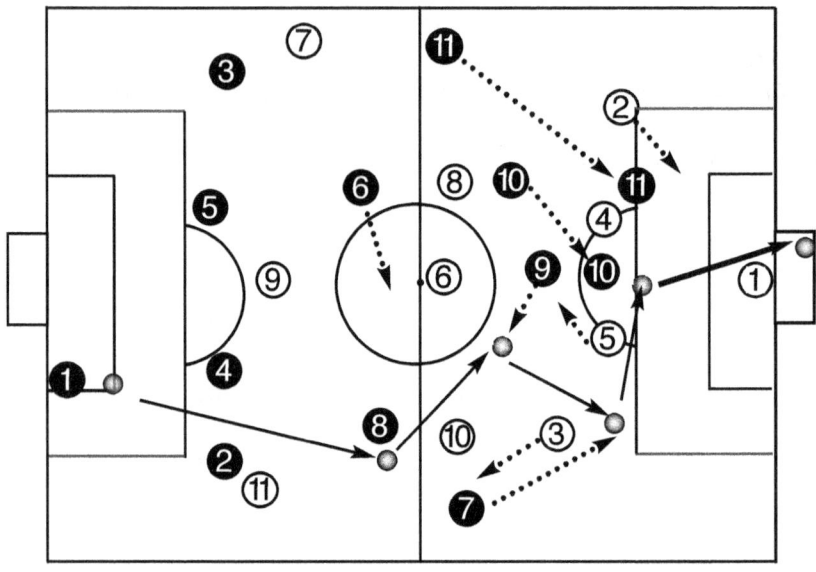

Conceptos tácticos que podemos aplicar en nuestros contraataques:
- Modelos de contraataques directos
- Modelos de contraataques combinativos

Ejercicio 26.

Contraataque directo. Nuestro equipo aplica sistema 1-4-3-3. La jugada la inicia nuestro portero con la mano, después de bloquear un balón en ataque adversario. Partiendo de la posición que tienen nuestros jugadores en el campo de fútbol del gráfico siguiente, desarrolla un ataque directo completo que termine en tiro a gol.

▶ Indica mediante flechas, las combinaciones con el balón y movimientos de nuestros jugadores.

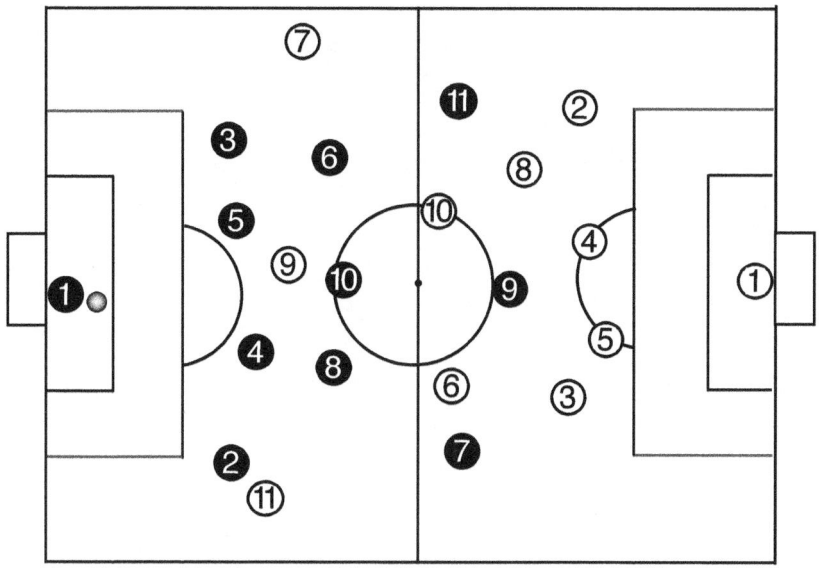

Propuesta para ejercicio 26

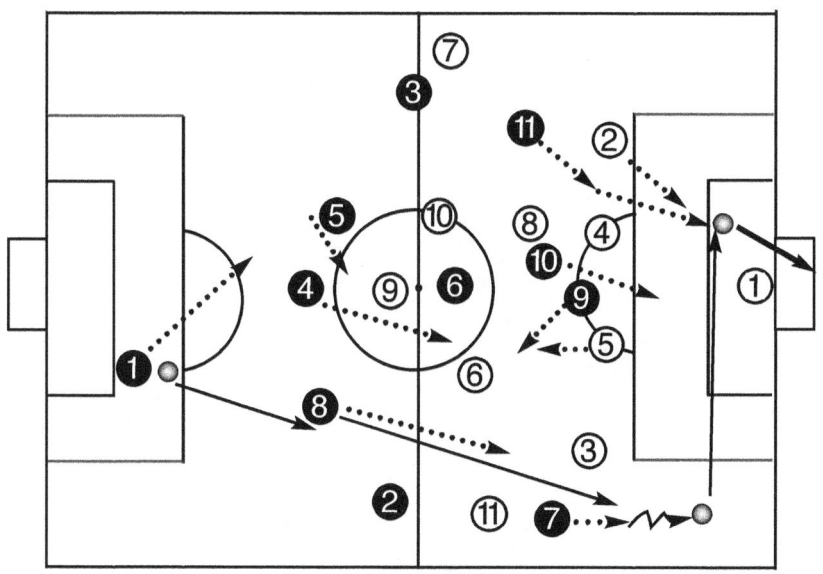

VI. PRINCIPIOS APLICABLES AL DESARROLLO PRÁCTICO DE CUALQUIER ACCIÓN DEFENSIVA

1. Varios conceptos a tener en cuenta

Cada jugador debe marcar siempre situándose entre su contrario y la propia portería. La proximidad o lejanía de un jugador sobre su par estará en función de lo cerca o lejos que se encuentre de la portería. Más cerca cuanto más cerca de la puerta, y viceversa.

Habrá ocasiones en las que deberá abandonar a su par:
    a) Para marcar a un adversario que ha penetrado en zona de peligro, libre de marcaje.
    b) Para hacer cobertura a un compañero que puede ser desbordado delante de la portería.
    c) Cuando su par se coloca lejos de la zona de peligro y se requiere su presencia delante de la portería.

Los recursos técnicos en el marcaje cuando el adversario todavía no se apoderó del balón son: la interceptación (apoderarse del balón) y la anticipación (evitar o interrumpir la combinación contraria, mediante despeje o desvío).

Ejercicio 27.

Un jugador contrario conduce dentro de su medio campo con un compañero suyo desmarcado a su izquierda, a quién hace un pase. Antes de que el balón llegue a su compañero, nuestro delantero 9 se apodera del balón y salimos en contraataque que finaliza con tiro a puerta de 11.

▶ Dibuja esta jugada de interceptación, pase y contraataque. Indica mediante flechas los movimientos y la posición final en que quedarán cada uno de nuestros jugadores.

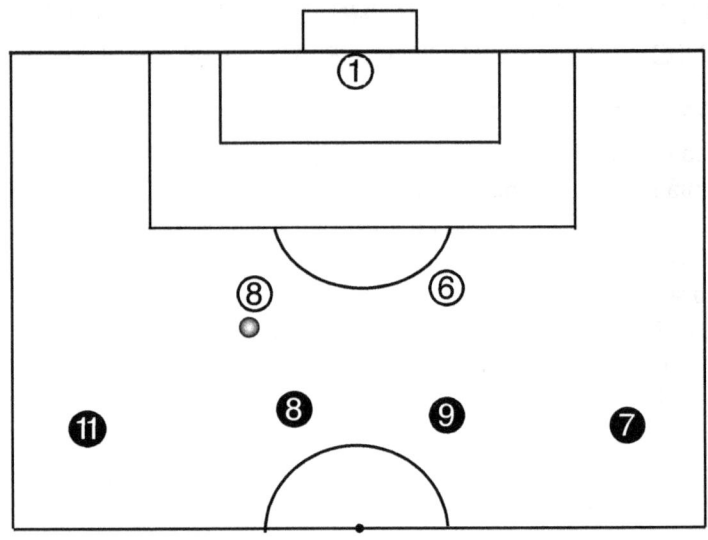

Propuesta para ejercicio 27

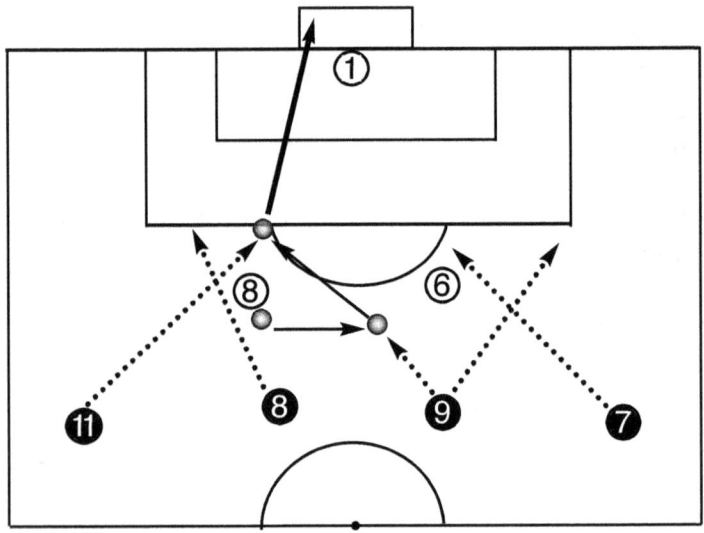

MEJORA TU FÚTBOL: LA TÁCTICA

Cuando el adversario tiene el balón en su poder, debe utilizarse como recurso técnico: la carga y la entrada.

Ejercicio 28.

Un jugador contrario conduce dentro de su medio campo con un compañero suyo desmarcado a su izquierda, a quién hace un pase. Antes de que haga el pase a su compañero, nuestro delantero 9 hace entrada frontal y se apodera del balón, saliendo en contraataque, que finaliza con tiro a puerta de 7.

▶ Dibuja esta acción defensiva y el contraataque. Indica mediante flechas los movimientos del balón y la posición final en que quedarán cada uno de nuestros jugadores.

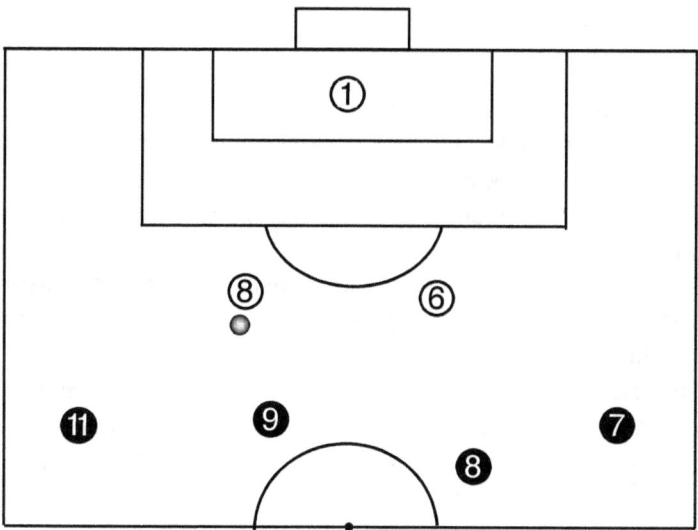

Propuesta para ejercicio 28

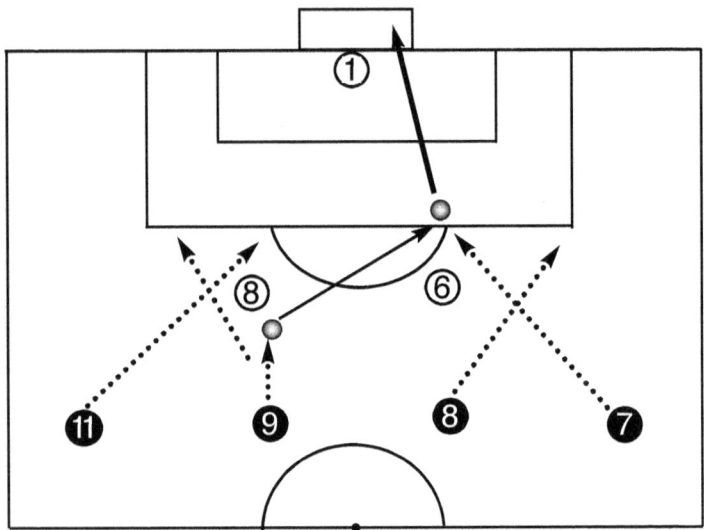

2. Varios principios defensivos
- Se practicará la entrada haciéndola de inmediato, antes de que el contrario se apodere totalmente del balón o cuando pierda momentáneamente su control. En otras ocasiones, se deberá temporizar la entrada.
- Cuando el contrario tiene el balón y está de espalda a nuestra portería y en zona de poco peligro, se actuará con serenidad y astucia y evitando producir faltas.
- Cuando el contraataque nos coja en inferioridad numérica, conviene temporizar en la entrada, esperando la llegada de compañeros o en último caso, hacer falta no agresiva, valorando el riesgo de tarjeta. Caso de apoderarse del balón, lo alejará sin contemplaciones de la zona de peligro.
- Cuando un jugador es desbordado por un adversario y un compañero que le hacía cobertura permuta con él y va sobre dicho rival, pasará a realizar su función mientras dure la jugada.

Ejercicio 29.

Nuestro equipo tiene al portero y a una línea de 4 defensas delante, en el frontal de su área. El jugador 7 adversario entra por banda derecha con el balón. Nuestro lateral izquierdo 3 le hace entrada frontal, pero es desbordado y dicho 7 profundiza con el balón. Nuestro central 5, hace cobertura y va sobre el contrario. Nuestro jugador 3 hace permuta a la posición de 5.

▶ Dibuja esta jugada, mediante flechas que señalen los movimientos.

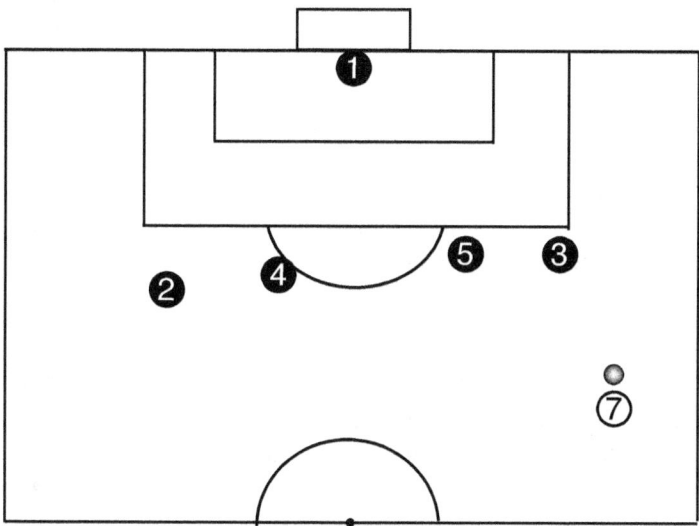

Propuesta para ejercicio 29

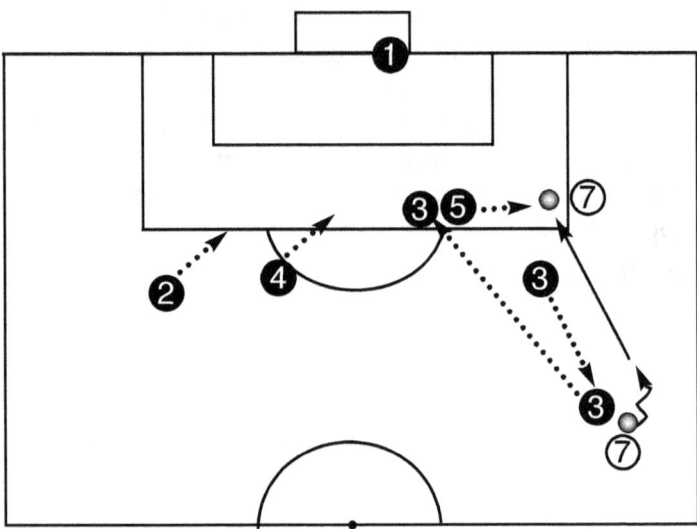

En córners, faltas y fuera de banda cerca de portería, se debe cuidar de manera especial el marcaje.

Ejercicio 30.

Saque de esquina a favor del adversario, que tiene a su jugador 11 para el lanzamiento, a 6 compañeros dentro del área en las posiciones que se observan en el gráfico y dos más fuera de ella.

▶ Desarrolla la acción defensiva completa, colocando un símbolo cualquiera (X, punto grueso, etc.) que represente cada jugador nuestro en cada una de las oportunas fijaciones de marcaje que consideres aplicables.

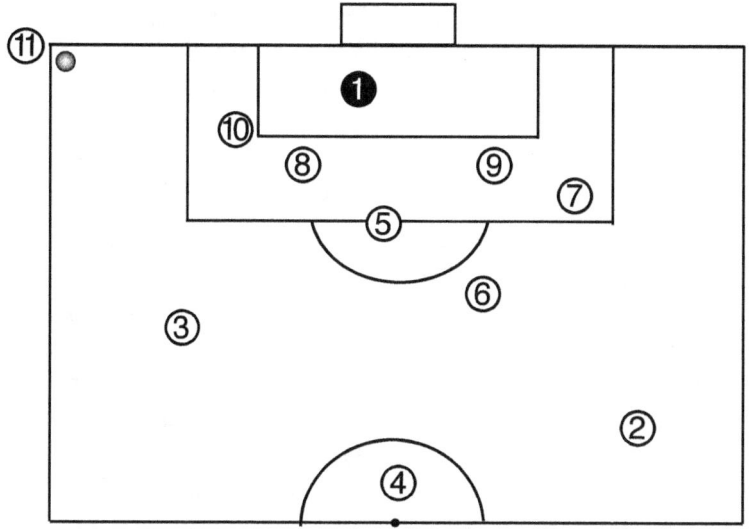

Propuesta para ejercicio 30

En jugadas de máximo peligro, los despejes y desvíos se harán hacia los laterales, tratando de evitar posiciones favorables del adversario en caso de recuperación. Se practicará despejes orientados a zonas favorables a nuestro juego.

Ejercicio 31.

Estamos en una jugada de riesgo: a 10 metros de nuestro frontal de área de penalty un jugador contrario en posesión del balón y tres compañeros suyos apoyan la jugada. Nosotros estamos en inferioridad numérica (portero y dos centrales). El jugador contrario poseedor, hace un pase diagonal a un compañero. Uno de nuestros centrales se anticipa e interrumpe la combinación contraria, mediante desvío lateral hacia fuera de banda.

▶ Dibuja la jugada.

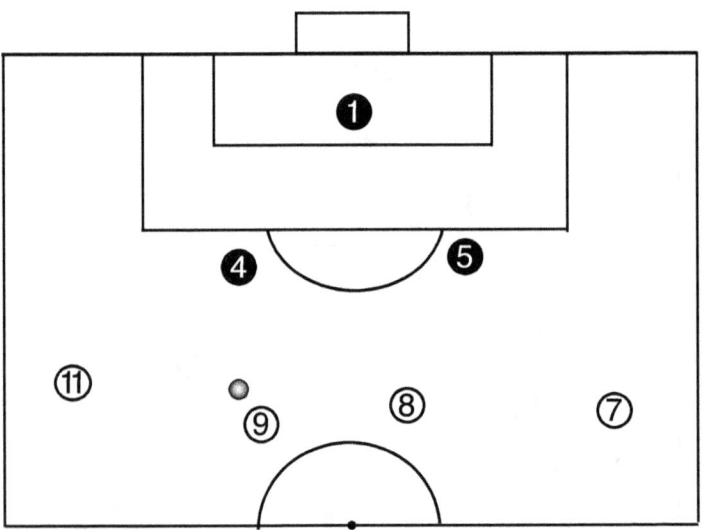

Propuesta para ejercicio 31

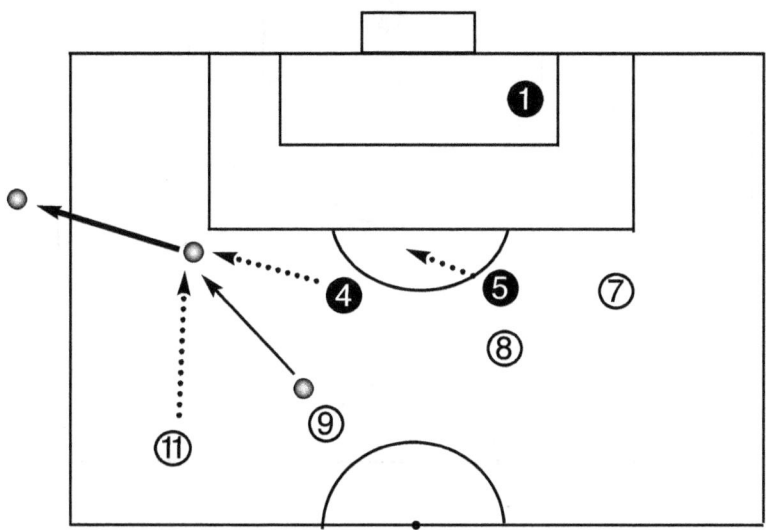

Las cesiones al portero deben hacerse por bajo y en trayectoria lejana a la portería

Ejercicio 32.

Nuestro central 5 tiene el balón de cara a su portería, presionado por uno de los puntas contrarios. Hace cesión al portero cumpliendo con criterios de seguridad en zona, trayectoria, altura y velocidad del balón.

▶ Dibuja la jugada mediante flecha que marque la dirección y trayectoria del balón desde el central 5 al portero.

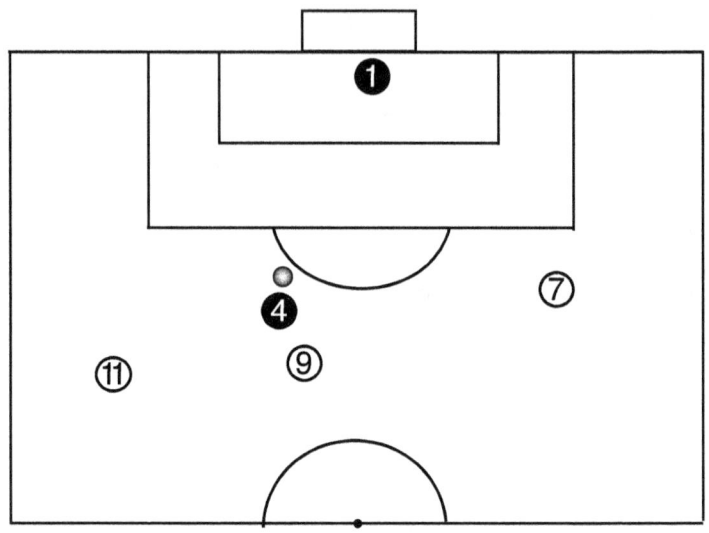

Propuesta para ejercicio 32

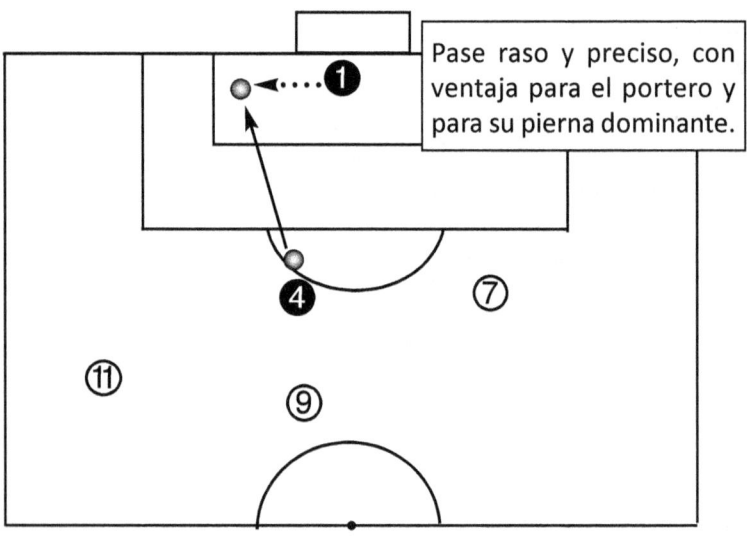

Pase raso y preciso, con ventaja para el portero y para su pierna dominante.

En toda tarea defensiva será dominante el principio de "seguridad ante todo". Un despeje a lo que salga es, muchas veces, mas futbolístico que intentar jugar un balón que pueda crear riesgo en la portería. En momentos sin riesgo inmediato, podemos salir jugando de forma combinada.

Ejercicio 33.

Nuestro central 4 hace una recuperación de balón en el frontal de nuestra área. Estamos en una situación favorable en cuanto a seguridad para salir en contraataque combinado. Posiciona a nuestro bloque defensivo iniciando el referido contraataque y posiciona también al resto de nuestro equipo.

▶ Indica con flechas el desarrollo del contraataque: desmarques, pases, apoyos, etc., que creas conveniente, hasta llegar a nuestro delantero 9, que tira a puerta.

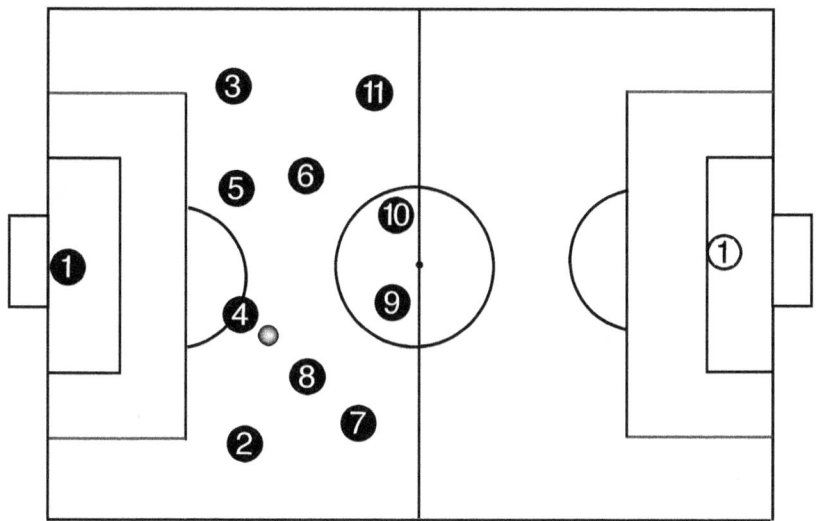

Propuesta para ejercicio 33

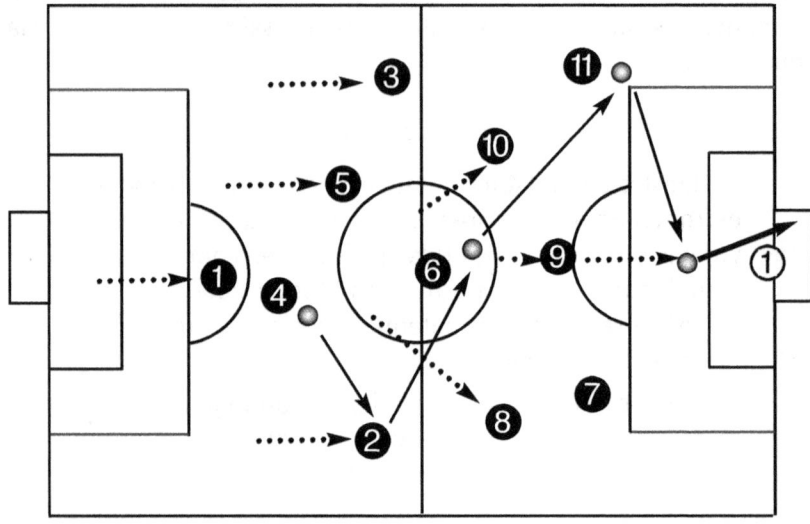

CONCLUSIÓN

Como dijimos en la Introducción, partimos de la base de que, a quien conoce la teoría de las distintas materias del fútbol, puede serle más fácil el practicarlo. Por ello, si a través del tiempo que el lector haya dedicado a este libro:

En el caso de futbolistas jóvenes:
- directamente o a través de la ayuda de su padre, le ha ayudado en el proceso de enseñanza/aprendizaje que tenía programado su entrenador
- ha clarificado conceptos y principios relacionados con el juego práctico.

En otros lectores:
- ha conseguido activar o incrementar sus conocimientos en conceptos básicos de fútbol
- ha obtenido la información que buscaba sobre este deporte, en esta conclusión, reiteramos que ese era nuestro objetivo.

BIBLIOGRAFÍA

WANCEULEN FERRER, Antonio; WANCEULEN MORENO, Antonio y WANCEULEN MORENO, Jose F. *Bases para el proceso de selección y formación de jóvenes futbolistas para el alto rendimiento*. Ed. Wanceulen, Sevilla (2008).

WANCEULEN FERRER, Antonio; WANCEULEN MORENO, Antonio y WANCEULEN MORENO, Jose F. *Como construir con éxito una plantilla de fútbol base en un club de élite*. Editorial Wanceulen. Sevilla, 2011.

WANCEULEN FERRER, Antonio; WANCEULEN MORENO, Antonio y WANCEULEN MORENO, Jose F. *Sistemas de juego en fútbol- 7*. Editorial Wanceulen. Sevilla, 2011.

WANCEULEN FERRER, Antonio; WANCEULEN MORENO, Antonio y WANCEULEN MORENO, Jose F. *Valoración táctica del futbolista*. Editorial Wanceulen. Sevilla, 2011.

BERNAL RUIZ, Javier A. WANCEULEN MORENO, Antonio y WANCEULEN MORENO, Jose F. *Organización y desarrollo de un campus de fútbol base*. Fútbol: Cuadernos Técnicos nº 34 Ed. Wanceulen. Sevilla, 1997.

WANCEULEN FERRER, Antonio; VALENZUELA LOZANO, Miguel; WANCEULEN MORENO, Antonio y WANCEULEN MORENO, Jose F. *Fútbol formativo: aspectos metodológicos*. Editorial Wanceulen. Sevilla, 2011.

WANCEULEN FERRER, Antonio; VALENZUELA LOZANO, Miguel; WANCEULEN MORENO, Antonio y WANCEULEN MORENO, Jose F. *Organización del fútbol formativo: en un club de élite* Editorial Wanceulen. Sevilla, 2011.

WANCEULEN FERRER, Antonio. *El Fútbol como medio educativo: sus posibilidades en el desarrollo de los valores humanos*. Fútbol: Cuadernos Técnicos nº 13. Wanceulen Editorial Deportiva. Sevilla, 2003.

WANCEULEN FERRER, Antonio *Las Escuelas de Fútbol*. Ed.Esteban Sanz. Madrid, (1982)

WANCEULEN FERRER, Antonio. *Las Escuelas de Fútbol*. *El Entrenador Español*. Ed. Comité Nacional de Entrenadores de Fútbol. Madrid, 1982.

WANCEULEN FERRER, Antonio. *Las Escuelas de Fútbol: Pasado, Presente y Futuro. Fútbol: Cuadernos Técnicos nº 1*. Wanceulen Editorial Deportiva. Sevilla, 2002.

WANCEULEN FERRER, Antonio y DEL PINO VIÑUELA, José Emilio *Fichas teóricas: funciones específicas por puestos. Fútbol: Cuadernos Técnicos nº 16*. Wanceulen Editorial Deportiva. Sevilla, 2004.

WANCEULEN FERRER, Antonio; WANCEULEN MORENO, Antonio y WANCEULEN MORENO, Jose F. *Bases para el proceso de selección y formación de jóvenes futbolistas para el alto rendimiento*. Wanceulen Editorial Deportiva.Sevilla, 2008

WANCEULEN FERRER, Antonio; WANCEULEN MORENO, Antonio y WANCEULEN MORENO, Jose F. *Bases para la detección y selección de talentos para el fútbol de alto rendimiento. Fútbol: Cuadernos Técnicos nº 12*. Wanceulen Editorial Deportiva. Sevilla, 2003.

WANCEULEN FERRER, Antonio; WANCEULEN MORENO, Antonio y WANCEULEN MORENO, Jose F. *El perfil del joven futbolista para el alto rendimiento. Fútbol: Cuadernos Técnicos nº 36*. Wanceulen Editorial Deportiva. Sevilla, 2007.

WANCEULEN FERRER, Antonio; WANCEULEN MORENO, Antonio y WANCEULEN MORENO, Jose F. *El proceso de selección y formación del joven futbolista. Fútbol: Cuadernos Técnicos nº 37*. Wanceulen Editorial Deportiva. Sevilla, 2007.

WANCEULEN FERRER, Antonio; WANCEULEN MORENO, Antonio y WANCEULEN MORENO, Jose F. *Enseñar a competir. Filosofía del proyecto formativo. Fútbol: Cuadernos Técnicos nº 36*. Wanceulen Editorial Deportiva. Sevilla, 2007.

WANCEULEN MORENO, Antonio. *Estructuración Metodológica de la sesión de entrenamiento en el fútbol base. Fútbol: Cuadernos Técnicos nº 7*. Wanceulen Editorial Deportiva. Sevilla, 2003.

WANCEULEN FERRER, Antonio; WANCEULEN MORENO, Antonio y WANCEULEN MORENO, Jose F. *La competición en el joven futbolista: visiones positiva y negativa. Fútbol: Cuadernos Técnicos nº 39*. Wanceulen Editorial Deportiva. Sevilla, 2007.

WANCEULEN MORENO, Antonio. *La determinación de objetivos y la secuenciación de contenidos técnico-tácticos en las distintas etapas formativas en la estructura de cantera de un club de fútbol de élite. Fútbol: Cuadernos Técnicos nº 18*. Wanceulen Editorial Deportiva. Sevilla, 2004.

WANCEULEN FERRER, Antonio; WANCEULEN MORENO, Antonio y WANCEULEN MORENO, Jose F. *Los factores socio-ambientales en el proceso de selección y formación de jóvenes futbolistas. Fútbol: Cuadernos Técnicos nº 38*. Wanceulen Editorial Deportiva. Sevilla, 2007.

WANCEULEN FERRER, Antonio; WANCEULEN MORENO, Antonio y WANCEULEN MORENO, Jose F. *Metodología global y metodología analítica: su aplicación al proceso de enseñanza-aprendizaje de la técnica y táctica del fútbol. Fútbol: Cuadernos Técnicos nº 12*. Wanceulen Editorial Deportiva. Sevilla, 2003.

WANCEULEN MORENO, Antonio *Estructuración Metodológica de la sesión de entrenamiento en el fútbol base. Fútbol: Cuadernos Técnicos nº 7* Ed. Wanceulen. Sevilla, 1997.

Colección
MEJORA TU FÚTBOL

Mejora tu fútbol: **Funciones básicas en cada puesto**
Mejora tu fútbol: **La táctica**
Mejora tu fútbol: **Las jugadas a balón parado en fútbol–11**
Mejora tu fútbol: **La técnica**
Mejora tu fútbol: **Las reglas del juego en fútbol–11**
Mejora tu fútbol: **Condición Física**
Mejora tu fútbol: **La salud de joven futbolista**
Mejora tu fútbol: **Actitud para llegar al alto rendimiento**
Mejora tu fútbol: **Las jugadas a balón parado en fútbol–7**
Mejora tu fútbol: **Las Reglas de juego de fútbol–7**